LETTRES
SUR
L'ANGLETERRE.

Ouvrages publiés par la même Librairie.

OEuvres complètes de madame la baronne de Staël (publiées par M. le baron Auguste de Staël, son fils), 17 *vol. in*-8, avec portrait.......... 102 fr.

— *Les mêmes*, 17 *vol. in*-12, avec portrait....... 51 fr.

On peut se procurer séparément :

OEuvres inédites de madame de Staël, 3 *vol. in*-8. 18 fr.
— *Les mêmes*, 3 *vol. in*-12.................. 9
Mes Dix années d'Exil, 1 *vol. in*-8............. 6
Corinne, nouvelle édition, 2 *vol. in*-8.......... 12
— *Le même ouvrage*, 2 *vol. in*-12............. 6
Delphine, nouvelle édition, 3 *vol. in*-8......... 18
— *Le même ouvrage*, 3 *vol. in*-12............. 9
De l'Allemagne, nouvelle édition, 2 *vol. in*-8... 12
— *Le même ouvrage*, 2 *vol. in*-12............. 6
De la Littérature, nouvelle édition, 1 *vol. in*-12. 4
De l'Influence des Passions, 1 *vol. in*-12....... 3
Lettres sur J.-J. Rousseau, *in*-12.............. 1 20
Considérations sur la Révolution française, 3 *vol. in*-12.................................... 9

OEuvres complètes de M. Necker (publiées par M. le baron Aug. de Staël, son petit-fils), 15 *vol. in*-8, avec portrait...................... 90 fr.

— *Les mêmes*, sur papier vélin, portrait avant la lettre...................................... 180 fr.

LETTRES

SUR

L'ANGLETERRE,

PAR A. DE STAËL-HOLSTEIN.

NOUVELLE ÉDITION,

AUGMENTÉE DE QUELQUES LETTRES INÉDITES.

PARIS,

CHEZ TREUTTEL ET WÜRTZ, LIBRAIRES,

RUE DE BOURBON, N° 17;

A STRASBOURG et à LONDRES, même Maison de Commerce;
A BRUXELLES, à la Librairie Parisienne, rue de la Madeleine, 438.

1829.

LETTRES
SUR
L'ANGLETERRE.

AVERTISSEMENT.

En écrivant les Lettres que l'on va lire, je songeais moins à faire un livre qu'à me rendre compte des souvenirs que m'ont laissés l'observation des mœurs publiques de l'Angleterre et la conversation des Anglais qui m'honorent de leur amitié. Ces Lettres ont la plupart deux ans de date. On ne doit donc pas y chercher de réflexions sur les mesures récentes du ministère actuel. Je ne me suis point occupé non plus de la politique extérieure de l'Angleterre : tel n'était pas le but de cette correspondance. Mais lors même que j'aurais eu cet objet en vue, je n'en aurais pas moins suivi la marche que j'ai adoptée; je n'en aurais pas moins commencé par chercher à donner quelque idée de l'organisation intérieure du pays, et des opinions qui en sont le produit naturel.

La plupart des erreurs que l'on commet habituellement sur l'Angleterre, proviennent de ce qu'on raisonne sur sa politique comme on ferait sur celle de l'Autriche ou de la Russie. On prête aux combinaisons diplomatiques une importance qu'elles sont loin d'avoir aux yeux du gouvernement britannique; et l'on ne sait pas assez combien, préoccupés du mécanisme de leurs institutions, absorbés par les innombrables intérêts de l'ordre social le plus fort et le plus compliqué qui fut jamais, les Anglais attachent peu de prix aux circonstances extérieures, que nous prenons mal à propos pour les mobiles de leur conduite. Quand on veut juger de la marche du gouvernement chez un peuple libre, la première chose à faire est d'étudier les sentimens, les opinions et les habitudes des citoyens. Je n'ai fait que bien peu de pas sur cette route; mais si ce premier essai a quelque utilité, peut-être sera-t-il suivi d'un second. Il vaudrait bien mieux toutefois que des esprits doués des qualités qui me manquent pour réussir, voulussent achever ce que j'ai commencé, et suppléer à l'imperfection de mon travail.

LETTRES

SUR

L'ANGLETERRE.

―――◆―――

LETTRE PREMIÈRE.

PRÉCAUTIONS A PRENDRE DANS L'ÉTUDE ET L'OBSERVATION
DE L'ANGLETERRE.

L'HISTOIRE et les lois constitutionnelles de l'Angleterre forment depuis long-temps l'objet de vos recherches. Vous en avez étudié l'esprit avec suite et sagacité. Aujourd'hui, Monsieur, vous désirez connaître les résultats de ces institutions que vous avez méditées, et vous voulez bien me demander compte des notions pratiques que j'ai pu recueillir dans le cours de mes voyages en Angleterre. Je suis loin de me croire capable de vous satisfaire ; mais je livre sans crainte à votre bienveillance les observations éparses qui se retracent à mon souvenir.

A toutes les époques de l'histoire, mais surtout dans le temps où nous vivons, l'intérêt qu'inspirent les nations est proportionné bien moins à leur puissance ou à l'étendue de leur territoire qu'au degré de liberté dont elles jouissent. La petite république d'Athènes occupe plus de place dans la pensée des hommes que les innombrables troupeaux de barbares soumis au sceptre des despotes de l'Asie; et si nous observons l'Europe moderne, nous verrons qu'elle offre le même phénomène moral. Un article de la gazette officielle qui nous enseigne la volonté du maître, est tout ce qu'il nous importe de connaître de la Russie; l'Allemagne elle-même, malgré les progrès qu'y ont faits la littérature et la philosophie, semble comme effacée du monde politique; mais partout où se manifeste un rayon de liberté, là se porte l'attention des penseurs et l'intérêt des hommes de bien. Cet intérêt devient plus vif encore, lorsqu'il s'agit d'un pays qui réunit à la liberté civile une haute culture intellectuelle et une grande prépondérance politique.

En nous entretenant de l'objet de vos recherches, nous n'aurons point de peine à écarter de stupides préjugés qu'on a ridiculement décorés du nom d'amour de la patrie. On peut être fort bon Français sans croire que l'Angleterre soit un pays de mœurs sauvages, où les femmes se vendent au marché comme des bestiaux, et où les hommes sont abrutis par l'ivrognerie. Notre patriotisme ne me paraît pas plus engagé à admettre de semblables niaiseries, que celui d'un Anglais à adopter comme article de foi que les Français sont une nation de maîtres à danser et se nourrissent de grenouilles. Mais, tout en abordant la question qui nous occupe avec un désir impartial de chercher la vérité, il nous restera encore beaucoup de difficultés à vaincre.

Parmi les auteurs qui ont écrit sur la Grande-Bretagne, les uns ont formé, au gré de leur esprit, un ensemble systématique de ses lois constitutionnelles; ils ont cherché à en expliquer l'origine par des conjectures historiques, ou à les enchaîner par des hypothèses plus ou moins fondées; mais ils ont négligé d'observer l'état réel des choses. C'est un tableau idéal qu'ils ont tracé; quelques traits de la nature s'y retrouvent sans doute, mais ce n'est pas une image fidèle.

D'autres, au contraire, nous ont présenté comme des faits simples et n'ayant besoin d'aucun commentaire, les lois ou les institutions les plus curieuses, celles dont l'intelligence semblait exiger le plus impérieusement une explication philosophique, et dont l'action réciproque était le plus difficile à saisir. Telle est en général la marche qu'ont suivie les jurisconsultes et les publicistes anglais. Le *comment* et le *pourquoi* leur sont pour ainsi dire restés indifférens; ils ressemblent à des ingénieurs qui planteraient des jalons, sans s'enquérir de la ligne qui doit unir entre eux les différens points que leurs observations ont déterminés. Et il est remarquable que ce soit un étranger, Montesquieu, qui ait le premier rassemblé sous un point de vue philosophique les grandes institutions fondamentales de l'Angleterre, et que l'ouvrage d'un autre étranger, Delolme, soit encore aujourd'hui l'exposé le moins incomplet de la constitution britannique.

Il est une dernière classe d'écrits sur l'état politique de la Grande-Bretagne, dont je suis loin de nier l'utilité, mais qu'on aurait grand tort de consulter sans une extrême précaution, surtout si l'on prétend tirer quelque conclusion générale des données qu'ils renferment. Je veux parler des compilations d'actes authentiques et de faits matériels.

Il y a deux manières de faire de la statistique. L'une est de tracer d'avance des cadres sur un plan uniforme, qui embrasse tout l'ensemble d'un pays, et de contraindre les faits à venir se ranger comme ils peuvent dans les compartimens qu'on leur a préparés. L'autre est de constater telle ou telle série de faits avec une grande précision, de les soumettre à l'investigation la plus scrupuleuse, et d'en déduire ensuite des résultats généraux par le calcul ou par le raisonnement.

La première de ces méthodes est celle qu'on suit d'ordinaire dans les gouvernemens absolus. Ces grands tableaux synoptiques qui répondent par un chiffre ou par une phrase à toutes les questions que leur adresse une curiosité superficielle, satisfont la vanité d'un roi ou d'un ministre. Tant pis pour les faits rebelles qui ne se prêtent point à entrer dans ce lit de Procuste, aucune voie n'est ouverte à leurs réclamations; ils seraient importuns de venir déranger la symétrie d'un si beau travail.

Les pays libres, au contraire, ne sauraient être soumis à cette uniformité si commode; là, il faut que le gouvernement se plie à la variété infinie de la nature réelle. Si, d'une part, les résultats généraux sont plus difficiles à obtenir, de l'autre, il est d'une tout autre importance de bien constater les faits; les intérêts lésés auraient trop de moyens de se plaindre, et la publicité ferait justice des erreurs.

Rien n'est comparable en exactitude et en utilité pratique aux documens que renferment les rapports des différens comités du parlement britannique; mais tirer de ces données partielles, quelque fidèles qu'elles soient, des conclusions générales sur l'état du pays, c'est un travail qui exige une profonde réflexion et des connaissances très variées.

Je vais plus loin : je suppose qu'un homme doué d'un esprit juste et philosophique, ait étudié avec soin tous les documens écrits que l'on peut réunir sur l'Angleterre, et j'ose affirmer que s'il n'a pas soumis ses recherches à l'épreuve de l'expérience, s'il ne les a pas comparées avec le spectacle du pays, il est exposé à commettre les plus graves erreurs dans ses déductions, lors même qu'elles seraient conformes aux meilleurs principes du raisonnement.

Quelques exemples éclairciront ma pensée.

En Angleterre, les fortunes de l'aristocratie sont immenses, le luxe est poussé à un excès inouï chez les hommes de la classe supérieure. La propriété foncière est concentrée dans un assez petit nombre de mains ; l'étendue des fermes est fort considérable; l'exploitation des terres emploie d'énormes capitaux; l'agriculture se fait en grand et selon des méthodes scientifiques. Des lois prohibitives ont porté le prix des grains à un taux exagéré. La classe des non-propriétaires est beaucoup plus nombreuse qu'en France; près d'un dixième de la population est assisté par la taxe des pauvres.

Voilà des faits sans liaison et que je prends au hasard, mais dont la vérité est incontestable.

Quelles conclusions doit naturellement en tirer un homme habitué à raisonner juste, mais qui n'a pas vu l'Angleterre de ses propres yeux? quelle idée se fera-t-il de ce pays d'après de semblables données?

Les fermes sont d'une grande étendue, se dira-t-il, l'agriculture est scientifique, elle emploie plus de machines et moins de bras que sur le continent. Il faut donc que les champs soient vastes et couverts de récoltes uniformes; que des haies, des fossés, des barrières ne gênent point la marche de la houe, du semoir et des autres instrumens d'une agriculture perfectionnée. Dès-lors on doit voir çà et là d'immenses établissemens ruraux; mais la campagne n'est point parsemée de ces maisons de paysan dont l'œil est réjoui dans quelques unes de nos provinces.

Cette déduction n'a rien que de logique, et cependant elle conduit au résultat le plus contraire à la réalité. Les campagnes, dans la plus grande partie de l'Angleterre, sont aussi coupées de haies que celles de la Suisse ou du Bocage de la Vendée; leurs récoltes sont variées, des groupes d'arbres les embellissent et sont respectés par la charrue, qui se détourne pour les ménager avec une sorte de vénération superstitieuse; l'aspect général de la contrée est celui d'un pays de petite culture, et rien n'offre une plus douce image d'aisance et de bonheur que le *cottage* d'un paysan anglais.

Un faux système de lois prohibitives, se dira encore l'homme que j'ai pris pour exemple, avait, il y a quelques années, élevé les grains à un prix exorbitant, et tenté l'agriculteur par des profits que la nature du sol ne pouvait pas lui promettre. Quelle a dû en être la conséquence? On aura ensemencé tous les terrains capables de produire du blé, les plaines d'Angleterre doivent ressembler à celles de la Beauce ou de la Brie, et rien n'aura été laissé en friche de ce qui était susceptible de culture.

Ce raisonnement serait juste encore, et néanmoins conduirait à une erreur que dément le spectacle de l'Angleterre, puisqu'en effet, malgré le grand nombre de lois pour le partage des communaux (*enclosure bills*) qui ont été adoptées depuis quelques années, aucun pays, à population égale, ne renferme encore une aussi grande étendue de terrains vagues, abandonnés à la vaine pâture.

Si de l'aspect du pays notre logicien passe à celui des habitans, quelles seront ses conjectures? D'une part, il sait que l'aristocratie jouit de fortunes colossales, et de l'autre, qu'une population nombreuse est soutenue par la charité publique. Sans doute, se dit-il, le voyageur qui parcourt l'Angleterre est attristé du contraste d'un luxe effréné avec les horreurs de la misère; les portes de palais somptueux sont assaillies de mendians; le même contraste se retrouve dans la nourriture, dans les vêtemens, dans tous les détails de l'économie domestique.

Cette supposition ne serait point déraisonnable encore, et pourtant que nous dit l'étude des faits? C'est que dans aucun pays de l'Europe il n'y a si peu de différence entre les jouissances physiques des diverses classes de la société, et que le progrès de tous les genres de manufactures tend de jour en jour à diminuer les inégalités à cet égard. Où donc est le peuple? demandaient, en arrivant à Londres, les souverains alliés, étonnés de n'apercevoir aucun signe extérieur de misère dans la foule curieuse qui se pressait sur leurs pas.

Que conclure de tout ceci? L'Angleterre aurait-elle été placée par la nature en dehors des lois du raisonnement et des relations générales de cause et d'effet? Ce qui est vrai partout ailleurs cesserait-il d'être vrai par-delà le détroit? — Non sans doute; mais quand un problème est compliqué, il ne faut pas prétendre le résoudre sans en avoir soigneusement réuni toutes les données.

Nous venons de voir combien, en étudiant l'état actuel de l'Angleterre, on devait se garder de tirer précipitamment des conséquences même logiques de quelques données partielles. On ne doit pas user de moins de prudence en remontant de l'effet à la cause, ni se hâter de rendre raison de tel ou tel phénomène en le dérivant d'une source unique, et sans examiner s'il n'est pas le produit de plusieurs causes diverses, étrangères, opposées peut-être à celle qu'on lui attribue.

C'est pour avoir négligé cette précaution que tant de gens commettent de si grossières erreurs dans leurs jugemens sur l'Angleterre. L'un affirme que la supériorité commerciale et maritime de la Grande-Bretagne est due à son système colonial. Mais pourquoi l'Espagne, qui a eu si long-temps des colonies plus vastes et plus favorisées du ciel que celles de l'Angleterre, est-elle restée pauvre et sans commerce? La prospérité commerciale de l'Angleterre a donc d'autres sources que la possession des colonies.

Un autre attribue hardiment aux prohibitions la prospérité des manufactures anglaises, sans remarquer que dans la plupart des pays de l'Europe les prohibitions ont amené des résultats tout opposés, sans remarquer non plus qu'en Angleterre tous les hommes instruits, tous les manufacturiers éclairés eux-mêmes, réclament contre l'absurdité de ce système, et n'en ont surmonté les inconvéniens que par des efforts inouïs d'activité et d'intelligence, jusqu'au moment où une administration nouvelle, ouvrant les yeux sur les véritables intérêts de son pays, a commencé à démolir tout ce gothique édifice.

Un troisième vous dit sans hésiter : La véritable force de l'Angleterre, le palladium de sa liberté, c'est cette aristocratie riche, puissante, toujours prête à prendre la défense des droits du peuple contre les empiétemens de la couronne; ce sont ces fortunes héréditaires que les substitutions et les lois de primogéniture conservent dans les mêmes familles, et qui leur assurent une influence salutaire. — Je suis loin de contester les services que l'aristocratie anglaise a rendus à la liberté de son pays, mais encore vaudrait-il la peine d'examiner pourquoi ces substitutions auxquelles on attribue de si heureux résultats en Angleterre, n'ont produit en Espagne ou en Italie que la dégradation des propriétés et l'abrutissement des possesseurs. Et si dans la plupart des pays de l'Europe, la noblesse est devenue frivole, ignorante et servile, n'est-il pas évident qu'il faut expliquer, par des raisons particulières, pourquoi l'aristocratie anglaise s'est maintenue à la tête du mouvement social vers les lumières et la liberté?

Dans la nature inorganique, les phénomènes n'ont en général besoin d'être expliqués que par une seule cause. Cette pierre abandonnée à elle-même tombe vers la terre; cette autre se meut sur un plan incliné avec une vitesse accélérée; elles suivent une loi commune, celle de la pesanteur, et dans quelque lieu qu'un corps soit soumis à l'action de la même force, il lui obéira exactement de la même manière. Si nous entrons dans le monde végétal, les phénomènes deviennent plus complexes. Telle plante peut prospérer dans un pays et languir dans un autre, quoique soumise à la même culture et exposée au même degré de chaleur : c'est qu'il faut tenir compte et de l'influence du climat, et de la nature du sol, et de la qualité des eaux qui l'arrosent, et de beaucoup d'autres circonstances accessoires. Mais si nous nous élevons jusqu'aux êtres animés, quelle foule de phénomènes variés, inexplicables s'offre à nos regards! Que d'aspects divers ne prend pas la force vitale!

quelles modifications surprenantes ne fait-elle pas subir à la matière soumise à son action! Nierons-nous pour cela que des lois organiques ne président à l'existence des êtres vivans : non sans doute; nous reconnaîtrons seulement qu'elles sont plus difficiles à saisir, et exigent une étude plus réfléchie.

Un pays libre est dans l'ordre des sociétés humaines ce que sont les êtres animés dans l'échelle du monde physique. Là où toutes les forces naturelles ont eu leur plein essor, on doit s'attendre à rencontrer non seulement des variétés infinies, mais des contrastes bizarres. C'est aussi le spectacle que nous offre l'Angleterre. On ne saurait rendre compte de l'état de ce pays par aucune de ces généralités banales qui plaisent tant aux esprits communs, ou, ce qui est la même chose, aux esprits superficiels. Toutes les questions qui s'y rapportent veulent être étudiées et approfondies en elles-mêmes ; et il n'est guère d'observation générale qui, présentée d'une manière absolue, ne pût être combattue par une observation toute contraire.

S'appuiera-t-on sur la résistance obstinée qu'oppose la chambre des pairs aux plus légitimes réclamations des catholiques, pour déclarer que l'Angleterre est intolérante; on sera injuste si l'on n'ajoute pas que, malgré cette anomalie, malgré les graves inconvéniens qui résultent de la confusion de l'état civil et de l'état religieux, il n'est aucun pays en Europe où la liberté pratique du culte et de la prédication jouisse d'une pareille latitude; aucun pays où il soit loisible à chaque citoyen de bâtir des temples, de les ouvrir au public, et d'y expliquer la parole divine selon ses sentimens et ses lumières.

Dira-t-on que l'Angleterre, libre chez elle, a été machiavélique dans ses relations extérieures, qu'elle a favorisé, sanctionné l'asservissement des autres peuples, on n'aura que trop de preuves à produire à l'appui de cette assertion; et cependant l'on sera injuste encore si l'on n'ajoute pas que, même sous l'empire de *l'alien bill,* l'Angleterre est toujours l'asile des malheureux que poursuit le despotisme continental, et qu'aucun peuple n'est opprimé, qu'aucune injustice ne se commet sans que des voix éloquentes s'élèvent dans le parlement britannique et prennent la défense de quiconque souffre pour la cause de la liberté.

Il me serait aisé de multiplier les exemples, mais ceux-ci peuvent suffire pour justifier ce que j'ai avancé. J'ai visité l'Angleterre à deux époques différentes : je l'ai vue pendant la lutte héroïque qu'elle a soutenue contre la puissance de Napoléon : je l'ai parcourue neuf ans plus tard, après les changemens que la paix a introduits dans son économie intérieure aussi-bien que dans ses relations politiques, et plus l'étude de ce pays a captivé mon intérêt, plus j'ai reconnu que la prétention d'expliquer des résultats si variés par un petit nombre d'axiomes généraux, serait le comble de la présomption ou de la légèreté.

LETTRE II.

RAPPROCHEMENT ENTRE LA MARCHE DE LA CIVILISATION EN FRANCE ET EN ANGLETERRE.

L'on ne saurait observer l'Angleterre avec un esprit dénué de prévention, sans être forcé de reconnaître que la civilisation y est plus avancée que dans aucun pays du continent, que les lumières y sont plus répandues, la science du gouvernement mieux comprise, tous les mouvemens de la machine sociale plus rapides et plus habilement combinés. C'est un fait qui pourrait s'établir *a priori*, et que l'expérience démontre pleinement. Le nier serait en quelque sorte contester l'importance de toutes les institutions politiques qui font depuis des siècles l'objet des méditations du sage comme des efforts des nations. Si un pays qui a joui pendant de longues années d'une constitution libre, où le peuple a pris part à la direction des affaires et à l'administration de la justice, où il est éclairé par la liberté de la presse, où la pensée, libre d'entraves, peut suivre toutes les routes ouvertes à son essor, si un tel pays n'était pas supérieur en lumières à ceux qui ont gémi sous le despotisme militaire, ou végété sous le gouvernement des maîtresses et des favoris, il faudrait renoncer à étudier la politique comme une science, et prétendre que les affaires humaines sont régies par un aveugle hasard, ou attribuer aux nations ces priviléges de naissance que nous contestons avec raison aux individus. Je suis loin de nier entièrement l'influence des races; mais il faut n'avoir pas étudié l'histoire pour mettre cette influence en balance avec celle des institutions, et il ne me paraît pas plus donné à un peuple qu'à un gentilhomme de tout savoir sans avoir rien appris.

Mais ces grands phénomènes d'ordre social que nous offre l'Angleterre, à quelles causes devons-nous les attribuer? Sont-ils l'effet d'une combinaison fortuite de circonstances heureuses, ou bien le résultat nécessaire de certaines institutions? et parmi ces institutions, lesquelles sont de nature à produire des résultats analogues, dans quelque pays qu'elles soient transportées, lesquelles au contraire ont besoin du sol natal pour prospérer, et ne sauraient s'adapter à la France? Ce sont là d'immenses questions que je ne puis aborder ici. Toutefois, en parcourant par la pensée l'histoire des deux pays, je suis frappé d'un parallélisme remarquable; je retrouve dans l'une et dans l'autre des séries d'événemens presque semblables, et chacune des phases de l'histoire d'Angleterre précède d'un siècle et demi la phase correspondante en France.

En 1215, les barons imposent à Jean-sans-Terre cette Grande Charte que le peuple anglais révère encore aujourd'hui comme le fondement de ses libertés. Cent quarante-un ans plus tard, les États généraux de 1356, profitant de la captivité du roi Jean de France, exigent des garanties nationales pour prix des subsides qu'ils accordent à son fils.

Après la guerre des deux Roses, la haute noblesse se trouve mutilée et épuisée; Henri VII et Henri VIII en profitent pour établir le despotisme en favorisant les progrès des communes. Cent cinquante ans plus tard, après les guerres de la Ligue, Richelieu obtient d'une politique semblable un succès de même nature, et bien plus étendu.

Le siècle d'Élisabeth offre une analogie frappante avec celui de Louis XIV. Sous l'un et l'autre règne, la grandeur du monarque, plus réelle toutefois chez Élisabeth, la victoire au-dehors, au-dedans la splendeur de la cour et l'éclat des lettres consolent les peuples de l'absence de la liberté. Un siècle et demi sépare l'époque d'Élisabeth de celle de la plus grande puissance de Louis XIV.

Le long parlement commence en 1640 la lutte

du peuple anglais contre Charles Ier. Cent quarante-neuf ans après, les États généraux sont convoqués à Versailles.

Cent quarante-quatre ans séparent la mort de Charles Ier de celle de Louis XVI.

Enfin la restauration de Charles II précède de cent cinquante-quatre années celle de la maison de Bourbon. Et si on lit simultanément l'histoire des deux révolutions, que de ressemblances étonnantes dans la marche des événemens, dans l'ordre des idées, et jusque dans les moindres circonstances ne viennent pas frapper nos regards !

Il ne faut pas donner à un rapprochement de ce genre plus d'importance qu'il n'en mérite, et il serait surtout déraisonnable d'en conclure que l'ordre social en France soit d'un siècle et demi en arrière de l'état actuel de l'Angleterre. Notre révolution est un événement d'une tout autre importance que ne l'a été la révolution anglaise: les mœurs et les idées en ont reçu dans le monde entier une impulsion bien autrement rapide, qui a hâté tous les genres de développemens. Ne perdons pas de vue d'ailleurs une distinction fondamentale que M. Guizot a établie avec tant de supériorité d'esprit dans ses *Essais sur l'histoire de France*, c'est qu'en Angleterre les progrès de la civilisation ont toujours marché de front avec ceux de la liberté, et n'en ont même souvent été que la conséquence, tandis qu'en France ils les ont précédés, ou en sont restés indépendans. Il s'en faut donc de beaucoup que nos voisins aient sur nous, en fait de civilisation, la même supériorité qu'ils possèdent incontestablement dans l'ordre politique.

Toutefois, qu'un sentiment d'orgueil national ne nous fasse pas illusion. Nous tomberions dans l'erreur, si nous voulions juger de l'état des deux peuples, en comparant les sommités intellectuelles. Ce rapprochement donnerait à la France un avantage apparent qui serait malheureusement démenti par l'observation de l'état réel des masses.

Je crois certain que l'on rencontre dans l'élite morale de la nation française, plus d'esprits doués de la faculté de généraliser leurs idées, de les rattacher à des principes philosophiques, et de les exprimer d'une manière brillante ou originale, soit dans les livres, soit dans la conversation. Je crois aussi qu'en descendant à l'autre extrémité de l'échelle, on trouve dans les classes dénuées d'instruction plus de vivacité naturelle, plus d'aptitude à saisir des idées neuves, plus de cet esprit instinctif que le soleil inspire aux habitans des contrées qu'il favorise. Mais ce ne sont pas quelques hommes d'esprit ou même de génie, quelques penseurs hardis, ou quelques théoriciens ingénieux qui constituent la force morale et politique d'une nation. Cette force consiste dans les lumières moyennes, dans la connaissance générale des principes et des institutions pratiques auxquelles appartient la direction des affaires humaines. Ce sont ces lumières moyennes qui font l'homme d'État, le jurisconsulte, le manufacturier, le commerçant, en un mot, tous les membres actifs d'une communauté bien organisée. Et sous ce rapport nul pays en Europe ne soutient le parallèle de l'Angleterre. Nul peuple n'a une telle homogénéité intellectuelle, et par conséquent une telle force de cohésion, si l'on peut se servir de cette expression scientifique.

Nos géomètres sont plus profonds, nos ingénieurs plus savans; leurs mécaniciens, leurs manufacturiers surpassent les nôtres et en nombre et en habileté pratique. Dans tel de nos départemens, l'instruction primaire sera plus répandue que dans tel comté de la Grande-Bretagne : l'Alsace est certainement très supérieure en ce point aux provinces du centre et du midi de l'Angleterre (car le Westmoreland et le midi de l'Écosse l'emportent sur tout autre pays de l'Europe, quelques portions de la Suisse exceptées); mais où trouverait-on, de l'autre côté de la

Manche, une province entière où, comme en Bretagne, il y ait à peine, sur cinq cents individus de population, un seul enfant qui aille à l'école? Où trouverait-on des villes populeuses, des chefs-lieux de département privés de toute ressource intellectuelle, sans un institut d'éducation, sans un cabinet de lecture, sans un magasin de librairie, à moins qu'on ne veuille donner ce nom à une chétive boutique où quelques livres de messe vont accouplés avec deux ou trois mauvais romans? Tel est pourtant le triste état de la plupart de nos provinces, et tel est le pays où le gouvernement, loin d'appeler à son aide tous les moyens possibles de culture intellectuelle, loin d'accueillir avec reconnaissance les efforts de la philanthropie particulière, semble prendre à tâche de les décourager et de les entraver.

Bacon a dit avec cette fermeté de pensée pour laquelle il est sans égal parmi les modernes: *Axiomata infima non multum ab experientia nuda discrepant; suprema vero et generalissima rationalia sunt et abstracta, et nil habent solidi. At media sunt axiomata illa vera, et solida, et viva, in quibus humanæ res et fortunæ sitæ sunt* (1). Ces paroles, que leur grande concision

---

(1) Les axiomes vulgaires ne s'élèvent guère au-dessus

rend difficiles à traduire, pourraient faire la devise intellectuelle de l'Angleterre. En France nous n'avons eu que trop d'*axiomata suprema et generalissima,* et de là sont résultés deux graves inconvéniens : l'un, que les conceptions des penseurs ne sont pas sorties du domaine de l'abstraction ; l'autre, que les hommes doués de quelque intelligence pratique, en voyant combien peu ces spéculations étaient applicables, ont conçu une indifférence dédaigneuse pour toute espèce de théorie, et qu'en se renfermant dans le cercle des *axiomata infima,* ils se sont condamnés à ne jamais s'élever au-dessus de la médiocrité, qu'ils auraient évitée peut-être s'ils eussent rattaché leur expérience journalière à quelque principe dirigeant.

L'histoire des deux pays paraît expliquer suffisamment les directions différentes qu'y ont reçues les esprits. En Angleterre, où le peuple a joui de temps immémorial d'institutions imparfaites sans doute, mais qui renfermaient en

---

du simple empirisme. Les axiomes d'une extrême généralité ne sont que des abstractions rationnelles, et n'ont rien de solide. Mais les principes moyens sont les seuls vrais, les seuls pratiques, les seuls vivans : ce sont eux qui régissent les choses humaines.

(Nov. Org. *lib.* I, §. CIV.)

elles le germe de l'ordre et de la liberté, on a dû s'appliquer surtout à perfectionner ce qui existait, à défendre les droits acquis, et à les assurer par des garanties réelles. Ainsi se sont formées des croyances fortes et des idées pratiques. Le jugement par jurés, la liberté de discussion, le vote de l'impôt, le droit de s'assembler, sont devenus des articles de foi politique, que tout citoyen adopte pour ainsi dire en naissant, et qui influent sur tout l'ensemble de ses idées et de sa conduite, le plus souvent sans qu'il cherche à s'en rendre compte.

Entre cent Anglais qui, dans une réunion publique, boivent à la cause pour laquelle Hampden est mort sur le champ de bataille et Sidney sur l'échafaud, il en est peu sans doute qui soient en état de définir le droit de résistance, et d'en assigner philosophiquement les limites; mais tous connaissent leurs droits et leurs devoirs, tous sont jaloux, non pas seulement de leurs prérogatives, mais de celles de chacun de leurs concitoyens, et savent quelles institutions les garantissent, et quel est le mode d'action de chacune de ces institutions.

En France, avant la révolution, les publicistes se disputaient sur la question même de savoir s'il y avait ou non telle chose que des lois fondamentales; mais chacun était d'accord que les unes étaient tombées en désuétude, et que les autres ne méritaient pas d'être conservées. Dèslors les philosophes ont dû naturellement se donner pleine carrière dans l'utopie, tandis que les esprits frondeurs ont enveloppé dans un dénigrement plein de verve non seulement les abus qui les choquaient à juste titre, mais les habitudes même et les idées auxquelles il leur aurait été le plus difficile de se soustraire. Qui peut lire Voltaire sans demeurer convaincu que personne ne se trouverait moins à l'aise que lui au milieu des nouvelles formes sociales, à l'avénement desquelles ses écrits ont le plus puissamment contribué?

Telle fut la disposition d'esprit dans laquelle on aborda les États généraux. De même que les abus avaient régné sans contrôle, les principes abstraits crurent que leur temps était venu, et que la philosophie allait se donner le plaisir de reconstruire tout l'édifice social sur un nouveau plan. Les intentions étaient pures, les idées étaient vastes; on se crut en droit de regarder avec une sorte de dédain cette Angleterre, où l'on était obligé de compter les résistances pour quelque chose, de ménager les forces existantes, de transiger même avec des préjugés de plus d'un genre. A Dieu ne plaise que je conteste les bienfaits dont nous sommes redevables à l'Assemblée Constituante : que des hommes, pour la plupart sans expérience, aient pu en si peu de temps triompher de tant de difficultés, balayer un si grand nombre d'abus et d'injustices, restera à jamais un fait honorable et pour eux-mêmes et pour la nation du sein de laquelle ils sont sortis. Mais comme en matière d'institutions sociales, les imaginations les plus ardentes ne vont guère au-delà de ce qui existe et de ce dont chacun a l'habitude, quand il fut question de réédifier, on s'étonna de la timidité de ceux-là même qui avaient été les plus hardis à détruire et les plus ambitieux dans leurs espérances.

Aujourd'hui nous sommes un peu moins novices, les esprits ont acquis quelque chose de plus pratique, cependant il nous reste encore bien des traces d'une timidité dans l'application qui contraste avec notre orgueil dans la théorie, et avec l'exigence du public en fait d'idées neuves. S'agit-il, par exemple, de liberté de la presse, on voit des hommes qui occupent un rang élevé dans le monde politique, nous proposer sérieusement d'interdire d'une façon péremptoire aux écrivains et aux journalistes toute espèce de mention des circonstances de la vie privée, et de condamner à une peine quiconque aurait imprimé le nom d'un citoyen étranger aux affaires publiques, quelles que pussent être d'ailleurs la nature, la couleur, la tendance de l'article incriminé. Certes une pareille idée n'entrerait pas dans la tête du plus simple citoyen de l'Angleterre ou de l'Amérique ; son bon sens lui dirait bien vite qu'elle est impraticable, et que fût-elle même possible à réaliser, elle priverait la liberté de la presse du plus précieux, du plus moral de tous ses avantages, celui d'habituer les hommes à vivre en présence de leurs semblables, de contenir par le frein de l'opinion, de stimuler par l'éloge ou le blâme ceux que leur sentiment moral ne suffirait peut-être pas pour maintenir dans la ligne du bien ; de substituer à la délicatesse pointilleuse des salons le besoin noble et viril de produire ses actions au grand jour, et d'appeler sur sa conduite l'examen de ses concitoyens. Et cependant il s'en faut que ceux qui ont mis en avant parmi nous une semblable idée soient étrangers à la méditation de la science politique; bien loin de là, nous les comptons, l'un d'entre eux surtout, parmi les plus distingués de nos publicistes; mais aucune portée d'esprit ne supplée à la longue habitude des mœurs d'un pays libre.

Si l'on réclamait aujourd'hui pour la France l'application du jury à toutes les causes civiles, et le droit presque illimité pour les citoyens de s'assembler et de délibérer sur les affaires publiques, combien peu d'hommes se trouverait-il, je ne dis pas parmi les amis du pouvoir ou parmi les gens timides, mais dans les rangs les plus avancés de l'opposition, qui ne vissent avec crainte l'établissement de ces deux institutions dont l'Angleterre est en paisible jouissance, et que plusieurs esprits élevés considèrent comme des conditions indispensables d'une bonne administration de la justice et d'une véritable liberté!

Cette timidité dans l'application est d'autant plus frappante, que nos écrivains et nos orateurs philosophiques s'élèvent à de plus hautes considérations, et posent les principes généraux avec plus de fermeté de raisonnement. Je lisais un jour quelques unes de nos brochures politiques les plus remarquables par la force et l'étendue des idées, avec un homme, sir James Mackintosh, dont le nom me dispense de dire qu'aucune région de la pensée humaine ne lui est inconnue. Quelle est votre impression? lui demandai-je. C'est remarquablement spirituel, me répondit-il; mais dans ce pays-ci nous tenons tout cela pour accordé, *we take all this for granted*. Et en effet, ce qui est théorème pour nous est axiome pour eux; et ils emploient à agir le temps que nous donnons à enseigner ou à démontrer. C'est un immense avantage; car les axiomes sont à l'usage des masses, tandis que les théorèmes ne sont à la portée que du petit nombre qui peut en suivre la démonstration. Si un marin, avant de prendre hauteur, était obligé de remonter aux principes de trigonométrie et de physique sur lesquels repose cette opération, et d'en donner la preuve à son équipage, au lieu de se servir de formules toutes calculées, le navire courrait grand risque de faire fausse route. Eh bien, les institutions et les habitudes qui en découlent sont les formules de la politique. Il faut sans doute comparer les formules à la théorie, pour s'assurer qu'elles y sont conformes; mais cette comparaison une fois faite, c'est perdre du temps que de remonter sans cesse au principe.

Toutefois un tel raisonnement n'est sans réplique que dans les sciences mathématiques, dont les théories sont immuables comme les données sur lesquelles elles reposent. Dans l'ordre social, au contraire, où les théories participent à la mobilité des idées et des intérêts humains, on est tenu en tout temps de les légitimer aux yeux de la raison ainsi que les formules qui en dérivent. Sans nier la supériorité pratique des Anglais, il est certain qu'ils poussent trop loin le respect de ce qui existe; et pour me servir d'un langage dont on a reproché l'abus à nos doctrinaires, les faits dont ils sont entourés se présentent à eux comme des nécessités trop insurmontables, alors même qu'il serait le plus facile de sortir d'embarras en remontant à un principe philosophique.

Depuis plus de trois ans le parlement s'est occupé de la réforme des lois sur le mariage : l'ancienne législation était hérissée de difficultés et d'injustices ; les modifications qu'on y a introduites ont amené des complications signalées d'avance par d'éminens jurisconsultes. Les discussions à cet égard ont été vives, violentes même ; de part et d'autre on a déployé un grand savoir, une dialectique serrée ; et au milieu de tout ce conflit d'opinions, l'idée si simple de faire du mariage un contrat civil, et de laisser à la conscience de chacun le choix de la sanction religieuse ; cette idée véritablement morale, dont notre législation offre l'exemple, et qui n'a chez nous que des avantages, ne paraît pas s'être présentée à un seul esprit, ou du moins ceux qui auraient été disposés à l'adopter n'ont pas jugé praticable de la mettre en avant.

J'ai été témoin d'un exemple plus frappant encore de cette disposition qu'ont les Anglais à renfermer toutes les questions dans le cercle des circonstances particulières à l'Angleterre. M. Canning a fait, dans la session de 1822, une motion tendant à rouvrir l'entrée de la chambre haute aux pairs catholiques, privés de ce privilége par suite de la conspiration, réelle ou prétendue, connue sous le nom de *complot papiste* (*popish plot*). Cette motion, après avoir été adoptée par la chambre des communes, vint échouer dans la chambre des pairs, après un débat des plus remarquables. J'eus le bonheur d'assister à cette séance, et mes souvenirs me retracent peu de fêtes intellectuelles comparables à une discussion sur un sujet de cette importance entre des orateurs placés si haut par leur talent et par leur situation sociale. Lord Erskine, lord Holland, lord Grey, lord Grenville, lord Liverpool, le Chancelier, la plupart des chefs des diverses phalanges politiques prirent une part active à ce débat. Le but avoué de la motion était de préparer l'émancipation des catholiques, c'était sur ce terrain qu'elle était attaquée par ses adversaires, comme défendue par la minorité. Il était donc naturel, à ce qu'il semble, de supposer que les principes généraux de la tolérance joueraient un grand rôle dans une pareille discussion. Point du tout; ils ne furent pas même abordés : je dirai plus, personne n'en eut la pensée. Les intérêts spéciaux de l'Angleterre absorbaient toute l'attention des orateurs comme du public. L'on peut dire sans doute que les argumens généraux se trouvaient usés par dix-sept années de discussion, et que d'ailleurs la tactique de la minorité, dans cette circonstance, était de resserrer la question dans ses plus étroites limites; mais je n'en soutiendrai pas moins qu'en thèse générale ma remarque subsiste.

Lord Holland parla avec cette vivacité de dialectique que l'héritier du nom de Fox peut seul unir à tant d'effusion de sentiment; mais dans ce discours, qui rappelait, me disait-on, les plus heureuses inspirations de son oncle, il s'attacha uniquement à prouver, avec une connaissance profonde de l'histoire de son pays, l'absurdité des témoignages qui avaient entraîné la condamnation des pairs catholiques, ou à réfuter des objections toutes spéciales. Et quelque familières que lui soient les hautes questions de morale et de philosophie, il ne songea pas un seul instant à entrer dans cette sphère.

Sous un autre rapport, je ne fus pas moins frappé du discours du chancelier. La base de son argumentation était dans le fait ce raisonnement bizarre : Si la religion protestante cesse d'être dominante en Angleterre, il faut que la religion catholique le devienne. Et à l'énergie de son débit, à la verve de son improvisation, il était évident que sa conviction était sincère, et qu'un jurisconsulte profond, qu'un homme blanchi sous le harnais de la législation et de la politique, n'avait jamais admis sérieusement l'idée qu'on pût se passer de religion dominante : tant ce qui est paraît ce qui doit être.

Transportez cette même discussion à la tribune française, nul doute que la liberté de conscience, les rapports de l'autorité civile avec l'autorité religieuse, les principes généraux sur lesquels repose la tolérance, n'eussent fait la matière de tous les discours. Nul doute non plus que, dans des circonstances favorables, l'esprit public ne se fût passionné pour la question, au point de rendre toute résistance impossible. Jusqu'ici l'avantage est à nous, ou du moins on peut le penser. Mais ces discours, pleins de talent peut-être, n'auraient fait qu'une impression passagère. La question promptement gagnée, si le torrent de l'opinion ou celui du pouvoir avait pris cette direction, eût été tout aussi promptement reperdue si ce même torrent eût pris une direction contraire.

En Angleterre, les vieilles croyances sont plus difficiles à ébranler, les résistances sont opiniâtres en fait d'idées comme en fait d'intérêts; mais lorsqu'à force de lutter l'opinion a fait une conquête, c'est pour toujours : elle ne se la laisse plus enlever.

Nous avions fait, en 1819, un grand pas dans la carrière de la liberté, nous avions obtenu sur la répression des délits de la presse une loi qui, malgré de légères imperfections, avait été reconnue par les maîtres de la science, par les jurisconsultes anglais eux-mêmes, pour la plus philosophique et la meilleure qui existât jusqu'alors dans aucun pays. Mais cette loi, mal comprise du public, harcelée d'objections déraisonnables par ceux-là même qui auraient dû le mieux en apprécier les avantages, ne dut son succès qu'au talent d'un ministre et à la complaisance de la majorité. Quelques mois s'écoulèrent à peine, le pouvoir changea de mains, ou, ce qui est pis, les dépositaires du pouvoir changèrent de foi; la nouvelle législation de la presse périt sans laisser de traces ni dans la jurisprudence ni dans les mœurs, et de longues années s'écouleront peut-être avant que la France puisse espérer d'en être remise en possession.

En Angleterre, la lutte a été longue. M. Fox dans le parlement, lord Erskine au barreau, ont livré plus d'un combat, terrassé plus d'un redoutable adversaire, avant d'obtenir pour le jury l'importante prérogative de prononcer sur la criminalité de l'écrit aussi-bien que sur le fait de la publication. Mais plus le débat s'est prolongé, plus le public y a pris intérêt, plus les esprits se sont pénétrés de l'importance de la question ; et lorsqu'enfin lord Erskine obtint du Roi la plus noble devise qui jamais ait orné l'écusson d'un homme d'État, *Trial by jury* (jugement par jurés), le principe dont l'on proclamait ainsi le triomphe était devenu pour l'Angleterre un article de foi politique, qu'aujourd'hui les plus grands amis du pouvoir songeraient à peine à contester.

LETTRE III.

SUR LA DIVISION DES PROPRIÉTÉS.

La division des propriétés est une question d'une si haute importance, soit qu'on l'envisage en elle-même ou dans ses conséquences politiques et morales, et il y a sur ce point une telle divergence entre nos idées et celles qui sont dominantes en Angleterre, que je me propose d'en faire le sujet de quelques unes des lettres que vous me permettez de vous adresser.

J'aborde la discussion avec la satisfaction de penser que, sur ce point, nous sommes plus près de la vérité, ou du moins plus disposés que nos voisins à la chercher avec impartialité. En France, le partage égal des biens entre les enfans a passé des lois dans les mœurs, ou plutôt des mœurs dans les lois; cette égalité nous paraît si naturelle, que s'il y avait absence de législation à cet égard, les choses n'en iraient guère autrement qu'elles ne vont aujourd'hui. Cependant, malgré cette tendance générale de l'opinion, les esprits philosophiques ne se refusent point à l'examen du système opposé; ils reconnaissent que la propriété, surtout la propriété foncière, est une création de l'ordre social, et conçoivent que la distribution puisse en être modifiée au gré de la communauté, pour le plus grand avantage de tous. En Angleterre, au contraire, les habitudes et les préjugés dominent tellement les esprits sur ce point, qu'à un très petit nombre d'exceptions près, ils sont devenus comme incapables de raisonner dans un ordre d'idées autre que celui dont ils ont pris la routine. Et les hommes même les plus éclairés s'occupent bien plutôt de chercher des argumens pour défendre ce qui existe chez eux, que d'examiner impartialement ce qui est désirable pour le bien-être physique et moral de l'espèce humaine.

Mais si nous sommes plus libres de préjugés sur la question en elle-même, il s'en faut de beaucoup que nous en soyons exempts sur ce qui se passe chez nos voisins. Nous prononçons un peu au hasard les mots de substitutions, de concentration de la propriété, de misère des classes inférieures, de taxe des pauvres, et, ainsi que je vous le disais dans une de mes premières lettres, nous nous figurons mal à propos l'Angleterre comme offrant un déplorable contraste entre la richesse exorbitante d'un petit nombre d'êtres privilégiés et la souffrance du peuple. Rien n'est plus loin de la vérité. Essayons donc d'abord de rétablir les faits.

Les fortunes sont moins inégalement réparties en Angleterre qu'on ne le pense communément, l'aspect de la capitale en est un indice certain que confirme l'observation du pays en général. Le seul almanach des adresses de Londres, connu sous le nom de *Court guide* (Guide de la cour), fournit à cet égard une donnée qui peut paraître superficielle, mais qui mérite pourtant d'être prise en considération. Cet almanach, qui renferme environ huit mille adresses, ne contient d'autres noms que ceux des personnes qui habitent la partie occidentale de Londres, ou ce qu'on appelle le quartier à la mode, *fashionable*, expression à laquelle les Anglais attachent beaucoup plus d'importance qu'on ne devrait le supposer, d'après la gravité naturelle de leur caractère et la beauté sérieuse de leurs institutions. Habiter ce quartier et voir son nom inscrit sur le *Guide de la cour*, est une déclaration de notabilité qui fait l'objet habituel de l'émulation de la classe moyenne, et qui représente à l'imagination des uns les plaisirs de la frivolité, aux autres les jouissances libérales de l'étude et de la conversation des hommes éclairés. Or il est généralement reconnu que la moindre fortune qui permette à une famille de s'établir dans l'ouest de la ville et d'en adopter les habitudes, est un revenu de 3,000 liv. sterling (75,000 fr.). En supposant donc que sur les huit mille noms qui figurent dans l'almanach des adresses, il n'y ait qu'une moitié de chefs de famille, voilà dans la seule ville de Londres, sans parler des capitales des deux autres royaumes, sans compter le très grand nombre de personnes riches et aisées qui vivent toute l'année en province, quatre mille fortunes, dont la moindre passerait pour de l'opulence dans la plupart des pays de l'Europe.

Mais, pour peu qu'on descende au-dessous de ce taux, le nombre de ceux qui vivent dans l'aisance va croissant avec une extrême rapidité. La taxe sur les revenus (*property tax*), qui a été établie par M. Pitt en 1798, et a fini avec la guerre, a fourni sur ce point des données remarquables. Le ministre, dans son plan primitif, avait exempté du nouvel impôt toutes les personnes dont le revenu était au-dessous de 200 liv. sterling (5,000 fr.); il estimait à 10 millions sterling le produit présumé de l'impôt, mais il s'aperçut bientôt qu'il s'était grandement trompé dans son calcul, et qu'il serait nécessaire de baisser la limite inférieure. En effet, on est descendu progressivement jusqu'au minimum de 50 liv. sterling de revenu, et dès-lors le produit de la taxe a dépassé 14 millions et demi, preuve certaine que la richesse est répartie entre un beaucoup plus grand nombre d'individus qu'on ne le croit généralement.

C'est surtout dans les fortunes provenant du commerce et de l'industrie que la division se fait remarquer. Les comptes de la taxe sur les revenus pour l'année 1812, offrent à cet égard des renseignemens très curieux. On y voit que, dans le nombre des personnes occupées de professions lucratives, il s'en trouvait alors cent vingt-sept mille dont le revenu était compris entre les limites de 50 et 200 liv. sterling; vingt-deux mille de 200 à 1,000; trois mille de 1,000 à 5,000; et six cents de 5,000 et au-dessus. Un tel résultat est déjà bien frappant; mais il faut remarquer que le calcul est sans doute au-dessous de la réalité, car si des individus, en certain nombre, ont déclaré fidèlement leur fortune, si quelques uns même ont pu être intéressés à la faire passer pour plus considérable qu'elle ne l'était en effet, la très grande majorité des contribuables a dû s'efforcer de réduire autant que possible l'évaluation de ses revenus.

Sans doute les propriétés foncières sont moins divisées que les capitaux; mais il n'en est pas moins vrai que nous avons sur le continent des idées très exagérées sur la concentration de la fortune territoriale en Angleterre. Les faits que j'ai pu recueillir, et les conversations que j'ai eues à cet égard avec les hommes les mieux informés, me portent même à croire que, depuis quelques années, cette concentration va diminuant d'une manière sensible. Je n'ignore point qu'il y a encore telle province de l'Angleterre où les parcs de quelques grands seigneurs occupent un espace si immense, qu'ils donnent au pays l'aspect des forêts incultes de l'Amérique, et qu'à plusieurs lieues à la ronde on ne trouverait pas une seule maison qui ne fût occupée par des hommes dépendans de ces possesseurs gigantesques. Je n'ignore pas non plus qu'il y a quelques autres comtés où les principaux propriétaires étant en même temps les plus riches capitalistes, ils manquent rarement d'accroître leur domaine des terres qui sont mises en vente dans leur voisinage. Mais malgré ces exceptions, je persiste à croire que la tendance actuelle est à la division des propriétés; et un des indices de la vérité de ce que j'avance, c'est qu'il est généralement reconnu que la manière la plus avantageuse de se défaire d'une terre est de la partager en un grand nombre de lots.

On ouvre rarement un journal anglais sans y voir mis en vente des immeubles, surtout des maisons, dont le prix est à la portée des fortunes médiocres; et dans quelques provinces du nord, dans le Westmoreland en particulier, l'on compte un grand nombre de paysans propriétaires, *statesmen*, qui tirent de leurs fonds un revenu de 50 à 200 liv. sterl. Je remarquerai en passant que le bien-être de ces provinces, quoiqu'elles ne soient pas les plus favorisées de la nature, l'indépendance de caractère unie à l'esprit de conservation qui en distingue les habitans, témoignent hautement des avantages moraux attachés à une distribution peu inégale de la propriété. L'accroissement du nombre des électeurs est encore un indice de la division progressive des fortunes. Les seules provinces de Yorkshire et de Lancashire comptent environ soixante mille électeurs, et il n'y en a guère moins de quatre cent mille dans toute l'Angleterre.

Si de l'état du pays nous passons à celui de la législation, nous trouverons que les idées répandues à cet égard sur le continent ne sont pas moins erronées. On attribue généralement à des substitutions perpétuelles la durée héréditaire des grandes fortunes dans les mêmes familles. Cette assertion n'est vraie que pour l'Écosse; là, en effet, les substitutions sont à perpétuité, et l'usage en est fort répandu; il faut toutefois se hâter d'ajouter qu'il n'y a pas, dans ce pays, un seul homme éclairé, un seul jurisconsulte faisant autorité, qui ne gémisse de l'existence d'un si déplorable système.

En Angleterre, les cours de justice reconnurent de bonne heure les inconvéniens sans nombre des substitutions, et se montrèrent toujours disposées à les resserrer dans des limites étroites. Ce sont même les fraudes pieuses des tribunaux qui, sanctionnées par le parlement, ont fixé l'état actuel de la législation. Aujourd'hui les substitutions anglaises ne sont point perpétuelles, elles ne peuvent s'étendre par-delà l'époque où l'héritier encore à naître du dernier des individus vivans appelés à recueillir le majorat aura atteint sa majorité ; elles sont résiliables du commun consentement du détenteur actuel et de son héritier immédiat ; les baux concédés par l'usufruitier sont obligatoires pendant vingt-un ans pour son successeur, et malgré ces sages restrictions, les *entails* (substitutions) sont encore une source féconde d'inconvéniens et d'abus.

Du reste, les donations fidéicommissaires deviennent aujourd'hui beaucoup plus communes que les majorats. C'est donc moins à la loi des substitutions qu'à celle de la primogéniture qu'il convient d'attribuer la transmission héréditaire de la fortune à l'aîné, au préjudice de ses frères. Remarquons ici que cette loi n'a pour objet que la propriété foncière, et que les biens meubles en sont exempts; or, dans un pays tel que l'Angleterre, les fonds publics, les actions de canaux, les capitaux placés dans une foule d'entreprises de commerce et d'industrie, forment une partie très considérable des fortunes. Remarquons aussi que cette loi ne trouve son application qu'en cas de mort *ab intestat*, et qu'en Angleterre le droit de tester est illimité, en sorte que, hors les cas de substitution, rien n'empêche un père de famille de distribuer sa fortune à son gré entre ses enfans, et de les déshériter même entièrement.

Ce n'est donc point encore la législation qui met obstacle à un partage moins inégal de la propriété foncière. Cet obstacle se trouve surtout dans l'état des mœurs et de l'opinion; et de même qu'en France le changement des lois qui régissent les successions n'influerait guère aujourd'hui sur la distribution de la propriété, pour peu que la volonté du testateur ne fût pas trop contrainte; de même, en Angleterre, l'abolition de la loi de primogéniture ne détruirait point, ou du moins ne détruirait que fort lentement l'opinion presque universelle, qui veut que l'aîné hérite de la fortune, et soit chargé de maintenir l'éclat de sa race. Fonder une famille, *faire un fils ainé*, ainsi que disent les Anglais, est la première pensée de celui qui s'enrichit dans une profession quelconque ; et ce qui souvent nous frapperait comme une injustice, leur semble si naturel et si nécessaire, que les objections qu'on pourrait leur présenter arriveraient à peine jusqu'à leur esprit.

Je causais un jour avec le chef d'une ancienne maison, héritier d'une fortune immense, dont il est prêt à faire l'usage le plus noble, quand le patriotisme ou l'amitié réclament de lui des sacrifices ; nous parlions de sa famille, et je lui demandais quelle était la situation de ses frères. Ils sont fort à leur aise, me répondit-il ; mon père les a très bien partagés dans son testament ; il leur a laissé à chacun un capital de tant de milliers de livres sterling. Or ce capital, qui, sur le continent, passerait en effet pour considérable, équivalait à peine au tiers d'une année des revenus de l'aîné. Et cependant cet aîné, dont la générosité n'est point contestée, loin d'être choqué lui-même d'une telle disproportion, considérait la condition de ses frères comme avantageuse, et s'en félicitait avec moi. Quoique j'aie quelque habitude des mœurs et des opinions de l'Angleterre, je trouvai là quelque chose de si fort en désaccord avec nos idées et nos sentimens moraux, que je ne pus m'empêcher, par forme d'expérience, d'exprimer mon étonnement à quelques personnes prises dans des classes et des opinions différentes. Je n'en rencontrai aucune qui le partageât. Toutes trouvèrent qu'en effet les frères cadets avaient été bien traités par leur père, et qu'il y avait peu de familles où ils jouissent des mêmes avantages. Je dirai plus, c'est que les cadets eux-mêmes sont si intimement convaincus de l'importance du droit de primogéniture, que si on leur proposait de partager avec le chef de la famille, ils refuseraient pour la plupart sans hésiter.

Que cette façon de penser soit généralement répandue dans les rangs élevés de la société, n'est pas encore chose fort surprenante; mais ce qui l'est davantage, c'est qu'elle domine également dans les classes ouvrières et chez des hommes qui n'ont d'autre source de richesse que le travail de leurs mains. J'ai ouï conter à cet égard une anecdote qui est assez caractéristique pour que je vous demande la permission de vous l'écrire.

Un maître de forges français voyageant en Angleterre pour s'instruire des progrès qu'y a faits la fabrication du fer, descendit, il y a quelques années, au fond d'une mine de charbon située dans un des districts où les opinions radicales étaient le plus répandues parmi le peuple. Arrivé dans les galeries souterraines, il s'entretint avec les ouvriers de la nature et de la durée de leur travail, de leur salaire, de leur nourriture, de tous les détails de leur condition. Les ouvriers, à leur tour, intéressés par la conversation d'un homme qui montrait une connaissance précise de leurs intérêts et de leurs besoins, attirés d'ailleurs par la libéralité des opinions qu'il manifestait, lui adressèrent à leur tour quelques questions sur l'état de la classe laborieuse en France. Combien d'ouvriers employez-vous? lui demandèrent-ils. — Quatre ou cinq cents. — C'est quelque chose; et quel est leur salaire? Que coûte, dans la partie de la France que vous habitez, la nourriture et l'entretien d'une famille? — Leur salaire est inférieur au vôtre; mais cette infériorité est plus que compensée par le bas prix des objets de première nécessité. — Vous avez raison, lui répondirent les mineurs, après avoir fait entre eux un petit calcul qui leur prouvait qu'en effet la condition des ouvriers était meilleure en France qu'en Angleterre; mais combien de temps travaillent-ils par jour? — Huit heures, terme moyen. — Pas plus! Et que font-ils du reste de leur journée? — Ils cultivent leur héritage et travaillent pour leur propre compte. — Que dites-vous, leur héritage? Ils sont donc propriétaires? ils ont un champ, une maison à eux? — Oui, sans doute; du moins la plupart de ceux que j'emploie. A ces mots, l'étonnement se peignit sur toutes les physionomies. Et cet héritage, reprit le plus intelligent des mineurs, que devient-il à la mort du père? — Il se partage entre les enfans. — Quoi! également! — Oui, sans doute, ou à peu près. — Mais une petite propriété partagée entre plusieurs enfans doit se réduire à rien. — Non; car lorsqu'un d'eux n'est pas assez riche pour acheter la portion de ses frères, la propriété se vend et passe entre les mains d'une personne qui peut la conserver entière et l'améliorer.

Ici finit le dialogue; mais ces deux idées d'ouvriers-propriétaires et de partage égal entre les enfans avaient si vivement frappé les mineurs anglais, que le dimanche suivant ils en firent l'objet d'une discussion en règle dans un de ces clubs où les hommes, même de la classe pauvre, se réunissent pour lire la gazette ou pour s'entretenir de leurs intérêts communs; clubs où les formes d'une bonne délibération sont généralement beaucoup mieux observées que nous ne le voyons en France dans les assemblées politiques d'un plus haut parage. Après un long débat, on alla aux voix, et la majorité prononça que sans doute il était bon que les ouvriers fussent propriétaires; mais que l'héritage devait passer à l'aîné, et n'être point divisé.

Voilà donc des ouvriers, des prolétaires, radicaux par leurs opinions ou leurs passions politiques, qui se prononcent contre l'égalité des partages en faveur du droit d'aînesse. Il serait difficile de donner une preuve plus forte de l'empire universel que cet ordre d'idées exerce en Angleterre.

LETTRE IV.

DE LA DIVISION DES PROPRIÉTÉS DANS SES RAPPORTS AVEC L'AGRICULTURE ET LA RICHESSE NATIONALE.

J'ai essayé de vous montrer, dans ma dernière lettre, que la transmission de la fortune à l'aîné au préjudice de ses frères et sœurs était beaucoup plutôt en Angleterre la conséquence d'une opinion générale que le résultat nécessaire de la législation. Il nous reste à examiner si cette opinion est fondée en raison, et si les personnes qui voudraient introduire chez nous un système semblable, forment des vœux utiles et possibles à réaliser, ou si même elles se rendent bien compte de l'objet de leurs désirs.

Pour mettre un peu d'ordre dans une question si vaste qu'elle ferait à elle seule la matière de plus d'un livre, nous l'envisagerons d'abord sous le point de vue économique; nous nous occuperons ensuite de son influence morale et politique.

Une nation, comme un individu, ne saurait vivre que de son revenu, c'est-à-dire de la rente de ses terres, de l'intérêt de ses capitaux, et du salaire de son travail. Sans doute, telle ou telle distribution de la richesse peut améliorer la culture des terres, favoriser l'accroissement des capitaux, ou rendre le travail plus productif; mais néanmoins ces divers perfectionnemens ont, dans la nature des choses, des bornes qu'il n'est pas donné à l'homme de franchir.

Quand une nation a réellement fait un progrès; quand, par son industrie, par ses ressources naturelles, par son économie, de nouvelles richesses ont été créées, elle peut en donner la jouissance privilégiée à un certain nombre de citoyens, sans que, pour cela, le reste de la communauté se trouve appauvri. Mais, dans un état donné de richesse, on ne peut favoriser une classe qu'aux dépens des autres; ce qu'on donne à des privilégiés, à quelque titre que ce soit, est nécessairement prélevé sur le reste des citoyens, et une distribution différente ne rend l'ensemble de la nation ni plus riche ni plus pauvre.

Cette vérité est si triviale, qu'il paraît presque ridicule de l'énoncer, et cependant il n'en est aucune qui soit plus habituellement méconnue par la plupart de ceux qui raisonnent sur l'économie politique, je ne dis pas seulement au milieu des salons, mais dans des livres même écrits *ex professo*. Chacun enrichit telle ou telle classe, assigne tel ou tel emploi aux capitaux, selon son opinion, son intérêt ou son caprice; mais l'idée si simple que rien ne se fait de rien, et qu'en donnant à l'un on ôte à l'autre, ne se présente point à l'esprit de ces raisonneurs. Un pays livré à leurs spéculations serait à peu près dans la position de ce gentilhomme de Swift, qui avait une fortune de cent mille livres de rente, mais dont tous les gens prétendaient appliquer le revenu entier à la dépense dont chacun d'eux était spécialement chargé. Pour cent mille francs, disait le cocher, mon maître doit avoir une belle écurie; avec cent mille francs, disait le cuisinier, on peut tenir table ouverte; et de la sorte le pauvre gentilhomme se trouvait ruiné.

C'est cette erreur commune qui a conduit des hommes, même très versés dans la science financière, entre autres le célèbre Hamilton des États-Unis, à considérer une dette publique comme une richesse, parce que, disait-il, cette dette est une valeur échangeable qui attire les capitaux étrangers; sans réfléchir que dans ce cas le capital étranger ne fait que prendre la place du capital national qui a été consommé, et que l'intérêt produit par ce nouveau capital est exactement compensé par l'impôt levé sur les contribuables.

C'est par suite de la même erreur que les ennemis trop absolus du système des emprunts, ou les hommes qui ont intérêt à faire leur cour aux propriétaires fonciers, proposent la réduction du capital ou des intérêts de la dette, le changement arbitraire des conditions stipulées avec les créanciers, en un mot, la banqueroute générale ou partielle comme un moyen efficace de soulager la nation de son fardeau. Ils ne songent pas que les propriétaires de fonds publics sont appauvris de toute la somme dont on gratifie les contribuables, et que par conséquent la richesse totale du pays reste la même, à cela près qu'un déplacement violent des fortunes porte la ruine et le désespoir dans les classes dépouillées, et qu'en suspendant d'abord, et en changeant ensuite la nature de la demande, ce déplacement dérange toutes les combinaisons industrielles et commerciales.

Enfin, c'est encore la même erreur qui sert de base à ce lieu commun que ne manquent jamais de répéter les partisans du droit de primogéniture.

L'aîné, nous disent-ils, en restant dépositaire de toute la fortune, maintient la considération de sa famille; il sert d'appui à ses sœurs, qui, bien que privées de dot, trouvent par l'éclat de son nom des mariages honorables ou avantageux, et qui en tout cas ont un asile assuré dans la maison paternelle. De leur côté, les frères cadets n'ayant point reçu de fortune de leur père, sentent la nécessité de s'en créer une par leur propre industrie; ils adoptent quelque profession lucrative, font de riches mariages, ou obtiennent par l'influence de leur aîné des emplois civils, militaires ou ecclésiastiques, et s'ils échouent dans leurs efforts, ils reviennent s'établir auprès du chef de la famille, et vivre d'une partie de ses revenus. De cette manière, la branche aînée conserve sa fortune et son éclat, et les branches cadettes, à leur tour, peuvent devenir la souche de nouvelles familles riches et considérées. Si au contraire la fortune se partage entre les enfans, elle se dissipe au bout d'un petit nombre de générations, et une pauvreté générale est la conséquence forcée de cette subdivision progressive.

Je n'ai point à examiner maintenant si c'est une condition bien douce pour des cadets que de ne jouir d'aucune indépendance, que d'être obligés d'adopter les goûts de leur aîné, de se plier à ses caprices, d'avoir à recourir à sa générosité pour toute entreprise qui exige quelques ressources pécuniaires. Je me suis promis de ne considérer ici les droits de primogéniture que comme une question d'économie politique. Suivons donc, pour nous rendre compte du raisonnement banal des partisans de ce système, la méthode des géomètres, qui supposent le problème résolu pour examiner quelles en sont les conditions.

Imaginons un pays où les richesses de tout genre appartiennent exclusivement à l'aîné de chaque famille. Que deviendront les cadets? Ils n'auront que deux alternatives, ou de vivre dans la maison de l'aîné et de jouir de sa fortune, ou de s'enrichir en remplissant des fonctions publiques. Dans le premier cas, en admettant que ce soit une obligation stricte pour l'aîné de fournir à l'existence de ses frères, les cadets seront de fait copropriétaires du revenu, ce qui, sous le rapport pécuniaire et en laissant de côté les considérations morales, revient au même que s'ils possédaient une portion du capital correspondante à ce revenu. Dans le second cas, celui où ils s'enrichiraient par des emplois publics, les revenus de l'État qui formeront leur salaire, seront le produit des impôts, c'est-à-dire des sacrifices des contribuables, qui, dans notre hypothèse, ne sont autres que les aînés; les cadets deviendront donc par là propriétaires d'une portion du revenu ou du capital des aînés, suivant que les impôts seront de nature à affecter l'un ou l'autre; et sous le rapport économique, sans entrer maintenant dans le domaine de la politique, l'état général du pays sera encore le même que si le partage des fortunes s'était opéré dans le sein de chaque famille, au lieu de se faire indirectement par la voie des impôts.

L'on pourrait raisonner d'une manière analogue sur la question des mariages. Que l'aîné, possédant seul l'héritage de son père, fasse un mariage sans fortune, tandis que le cadet s'enrichit en épousant une femme dont la fortune égale celle de son aîné; ou que les deux frères, après un partage égal du bien de leur père, doublent leur avoir par un mariage qui leur apporte un bien égal au leur, la condition des nouveaux ménages sera exactement la même dans les deux hypothèses. Ne nous payons donc point de vaines paroles, et ne nous imaginons pas qu'une distribution particulière des fortunes dans un pays crée *ipso facto* de nouvelles richesses, qu'après avoir tout donné aux aînés, il existe encore une espèce de fonds commun où les cadets puissent aller puiser, sans prendre part aux biens dont jouissent leurs frères. Les droits de primogéniture influent sans doute beaucoup sur la richesse de telle famille ou de telle classe; mais ils n'augmentent nullement celle de l'ensemble de la nation.

Vous généralisez trop la question, va-t-on me dire; il ne s'agit pas de la totalité des richesses d'un pays, mais seulement de la propriété foncière, et vous ne nierez pas qu'une terre partagée également entre plusieurs enfans ne se subdivise bientôt en portions tellement exiguës, qu'il devient impossible de les cultiver avec quelque profit. Comment de si petits propriétaires pourraient-ils faire des défrichemens, dessécher des marais, améliorer les races de bestiaux, perfectionner les instrumens aratoires; en un mot, appliquer à la culture des terres des capitaux suffisans pour en tirer le parti le plus avantageux ?

Remarquons ici que la discussion change entièrement de face. On ne nous parle plus des avantages attachés à la concentration de la fortune entre les mains de l'aîné, mais de la supériorité d'une grande sur une petite exploitation agricole.

Nul doute que l'application de capitaux considérables à la culture des terres ne soit avantageuse, et qu'elle n'augmente beaucoup ce qu'on a coutume d'appeler leur produit net. Mais le choix entre l'exploitation régulière et uniforme par grands corps de fermes, avec le secours des forces scientifiques, et l'exploitation bigarrée que l'on désigne sous le nom de petite culture, et qui emploie plus de bras et moins de capitaux, ce choix, dis-je, est déterminé par des circonstances qui ne sont nullement du domaine de la législation, telles que la configuration du pays, la qualité du sol, la nature du climat. Cette question est même tellement distincte de celle de la distribution des fortunes, que l'on conçoit aisément comment la petite culture serait conciliable avec la concentration des propriétés, et la grande culture avec la division égale des biens. La Toscane et la Brie pourraient nous servir d'exemple à cet égard. Dans l'une, des terres considérables sont cultivées en petites portions par de pauvres métayers qui n'ont d'autre capital que la force de leurs bras; dans l'autre, de riches fermiers réunissent souvent en une même exploitation des héritages distincts qui, par la nature ou la position du terrain, facilitent le succès de leur entreprise agricole.

Mais s'il est avantageux, comme nous venons de le dire, que de grands capitaux soient appliqués à l'agriculture, deux conditions sont indispensables pour arriver à ce résultat : l'une, que les capitaux existent; l'autre, que des entraves peu judicieuses mises à la vente des immeubles n'empêchent pas les terres d'aller à ceux qui possèdent les capitaux. Or je crois incontestable que, dans l'état actuel de la France, rien ne saurait favoriser l'accroissement graduel de la richesse autant que cette division des propriétés, qui inspire à une classe nombreuse des habitudes d'ordre et d'économie. Une agriculture savante, qui appliquerait de grands capitaux à des masses de terres plus considérables, donnerait, il est vrai, plus de produits; mais que gagnerait-on aujourd'hui à introduire chez nous ce système, à concentrer les propriétés foncières dans un petit nombre de mains, et à les perpétuer dans les mêmes familles par des substitutions ou des droits de primogéniture? La somme du capital applicable à l'agriculture étant donnée, il faudrait, pour le consacrer à l'exploitation en grand d'un certain nombre de propriétés, laisser en friche le reste des terres, ou plutôt l'on retomberait dans ce triste état de choses dont l'Espagne, l'Italie et la France, avant la révolution, nous offraient l'exemple, et l'on verrait de grandes terres dépérir entre les mains de riches oisifs, qui consumeraient en misérables frivolités le capital qui les aurait rendues fertiles.

C'est bien moins en augmentant la subdivision des propriétés qu'en les faisant passer en des mains plus industrieuses, que la révolution a si puissamment accru le bien-être matériel de la France. Cette subdivision est beaucoup plus ancienne que ne se plaisent à le penser ceux qui s'en prennent à la révolution de tous les mécomptes de leur esprit ou de leurs passions. Machiavel remarquait déjà que, bien que la France fût un pays pauvre, le peuple y était plus heureux qu'ailleurs, parce qu'il n'y avait guère de paysan qui ne possédât quelque petit héritage. Le partage égal des biens a existé de tout temps dans les provinces de droit écrit, et c'était avant la vente des biens nationaux qu'Arthur Young s'effrayait pour la France des conséquences de ce système. Dès-lors la subdivision a augmenté, d'immenses capitaux ont été absorbés par les guerres de la révolution ; et néanmoins, qui peut comparer la France d'aujourd'hui avec la France de 1789, sans être frappé des progrès de la richesse nationale?

Je n'hésite pas à penser que toute direction factice imprimée aux capitaux par le législateur, toute entrave mise à la distribution ou à la circulation de la propriété, est funeste dans une hypothèse quelconque; mais s'il y a un pays au monde où l'introduction d'une loi de substitution soit décidément absurde, c'est sans doute la France, puisque dans l'état actuel des choses, le premier effet d'une pareille loi serait précisément de consolider cette division de la propriété que certaines gens regardent comme si fâcheuse. Quelle est en effet la première condition nécessaire pour former de grandes propriétés, si ce n'est de pouvoir en acheter plusieurs petites pour les réunir en une seule? Quoi donc de plus contraire à ce but que de rendre inaliénables des terres aujourd'hui fort divisées?

Cette réflexion est d'une évidence si triviale, qu'il serait superflu de la démontrer, et pourtant il ne paraît pas qu'elle se soit présentée à l'esprit de ceux dont le projet favori serait de couvrir la France de petits majorats bourgeois, comme si l'aristocratie se faisait à la main, et comme si elle pouvait naître d'autres élémens que du temps, des mœurs, et du libre développement des forces individuelles.

Nous avons vu plus haut qu'on se formait, sur le continent, une idée fort inexacte de la distribution des propriétés en Angleterre. Les Anglais ne se trompent pas moins sur les résultats qu'a, chez nous, le partage égal de la fortune entre les enfans. Les raisonnemens de leurs écrivains les plus distingués en économie politique, ont sur cette question quelque chose de vague et de désultoire qui contraste avec la fermeté de leurs idées sur les autres points de la science, et qui semble même indiquer qu'ils éprouvent une sorte de lutte intérieure entre les principes et les préjugés. Malthus et Mill eux-mêmes, l'un dans ses *Principes d'économie politique*, l'autre dans l'article *Cottage system* de l'Encyclopédie d'Édimbourg, n'ont pas échappé à ce défaut. Ricardo n'a point traité la question dans ses écrits, mais je l'ai entendu manifester une opinion plus favorable au système de la division des propriétés, et son nom seul vaut une armée.

Les familles étant beaucoup plus nombreuses en Angleterre qu'en France, par diverses causes que j'aurai peut-être l'occasion d'examiner avec vous, les Anglais qui attaquent l'égalité des partages, se figurent pour l'ordinaire l'héritage du père divisé entre dix ou douze autres enfans, chacun de ceux-ci se mariant et ayant à son tour dix ou douze autres enfans, dont chacun ne recueillera plus que la centième ou la cent quarante-quatrième partie du bien de son aïeul. Les choses ne se passent pas ainsi dans le monde; et en effet, si l'accroissement de la population suivait une pareille progression, une seule famille couvrirait la terre habitable en moins de dix générations.

Quel est donc l'état réel de la France? Le morcellement des propriétés y va-t-il croissant d'une manière si effrayante? En aucune façon. Nous voyons au contraire que dans le voisinage des villes riches, et en général sur tous les points où les capitaux s'accumulent par le commerce ou par l'industrie, les propriétés foncières tendent à se concentrer. Il est bien vrai que dans les provinces qui ne jouissent pas de cet avantage, comme en Bretagne, par exemple, la division des héritages est poussée beaucoup trop loin; mais dans ces provinces-là même l'intérêt de l'agriculture mettra un terme à ce morcellement. Déjà il n'est pas rare, dans diverses parties de la France, de voir une famille de paysans convenir que l'un des frères restera propriétaire de la ferme paternelle. Les autres reçoivent de lui ou une somme d'argent, ou une partie du revenu, et lui restent attachés comme domestiques de campagne, afin de ne pas renoncer aux avantages d'une culture en grand, ou même afin de conserver la considération qui s'attache à la longue possession du même héritage. Car il est à remarquer que, dans l'état actuel des esprits, ce genre de penchant aristocratique est beaucoup plus répandu dans les classes inférieures que dans les classes moyennes.

Rien n'est plus commun encore, soit en France, soit en Suisse, que de voir le possesseur d'un fonds peu considérable devenir le fermier d'une propriété plus étendue; je dirais même qu'en grande majorité les fermiers sont propriétaires. Souvent le journalier qu'ils emploient possède à son tour une cabane qui sert d'abri à sa famille, un jardin qui nourrit ses enfans, un petit champ qu'il peut cultiver lorsqu'il est sans occupation, et qui lui permet de soutenir d'une manière moins inégale la terrible lutte de la pauvreté laborieuse contre la richesse exigeante. De cet ensemble de choses naît un bien-être qui ne serait déjà pas à dédaigner, lors même qu'il ne serait accompagné d'aucun autre avantage, mais qui devient un des plus heureux résultats que l'ordre social puisse produire, lorsque, ainsi qu'on le voit dans la Suisse protestante, il est garanti par quelques institutions libres, et ennobli par une instruction généralement répandue.

L'objet universel de l'ambition des paysans français est de devenir possesseurs d'un petit coin de terre, ou d'accroître celui qu'ils ont reçu de leurs pères. Ce penchant date de loin, et la révolution n'a fait que le fortifier chez eux en leur offrant l'occasion facile de le satisfaire. Sans doute leur désir n'est pas toujours bien réfléchi à cet égard; ils achètent en général les terres beaucoup plus cher qu'elles ne valent réellement, parce que le travail étant la condition nécessaire de leur existence, ils le comptent pour rien, lorsqu'ils font le calcul du produit de leur champ, en sorte que telle propriété qui, vendue en masse, serait achetée en raison de la rente, abstraction faite des intérêts du capital circulant et du salaire des ouvriers, sera achetée en détail en raison de son produit brut. Nos paysans pourraient donc tirer un parti plus avantageux de leurs économies, soit en les plaçant dans les fonds publics ou les caisses d'épargne, soit en se faisant fermiers de la propriété d'autrui, et en employant à acheter des bestiaux et des instrumens aratoires leur petit capital, qui de la sorte leur rapporterait un intérêt beaucoup plus élevé. Mais leur prédilection superstitieuse pour la propriété foncière s'explique aisément. Dans un pays où une suite non interrompue de banqueroutes publiques avait anéanti la confiance, où l'industrie et le commerce étaient gênés par mille entraves, où la justice était sans force, où les rapports entre le puissant et le faible, entre le riche et le pauvre étaient livrés à l'arbitraire, les hommes de la classe laborieuse ont dû s'habituer à n'ajouter foi qu'à une richesse matérielle et palpable.

En Angleterre, au contraire, où toute espèce de droit garanti par les lois est inattaquable, où la stabilité de toutes choses est poussée jusqu'à l'excès, où la morale publique, d'accord avec la science financière, a toujours fait respecter les engagemens de l'État envers ses créanciers; en Angleterre, dis-je, le possesseur d'un petit capital a pensé avec raison qu'acheter des terres n'était point l'emploi le plus profitable qu'il en pût faire. Celui-là même que ses goûts et ses habitudes attachaient à l'agriculture, a mieux aimé devenir fermier que propriétaire, et la longue durée des baux a donné aux fermiers plusieurs des intérêts comme des jouissances attachées à la propriété. Et en effet, si l'on calcule les chances de la vie humaine et les circonstances de tout genre qui peuvent en abréger le cours ou changer la condition des individus, on trouvera qu'une jouissance assurée pour un long terme d'années diffère bien peu de la possession absolue, et que c'est l'imagination plutôt que la raison qui les distingue.

Que l'Angleterre se soit élevée au-dessus de presque tous les autres pays de l'Europe par les progrès de son agriculture, c'est ce qui n'est pas contestable; mais je n'ai point à examiner ici quelles sont les causes diverses qui, sous l'égide toute puissante de la liberté, ont produit ce résultat. Je n'ai point à démontrer non plus qu'il n'est dû en aucune façon aux substitutions ou aux droits de primogéniture. Qu'on réfléchisse en effet qu'en Italie, en Espagne, partout ailleurs où le système des majorats a été introduit, il a amené le dépérissement des terres et l'appauvrissement de ceux-là même pour l'avantage desquels il avait été inventé, et l'on demeurera convaincu que c'est à d'autres sources qu'il faut attribuer la prospérité agricole de l'Angleterre. Qu'un arbre plein de sève se trouve planté dans une terre féconde, on le soumettra peut-être impunément à un mauvais système de culture, sa vigueur naturelle pourra triompher des entraves mises à son accroissement; mais on se gardera d'attribuer à l'erreur de l'agronome ce qui est dû à la force de la végétation.

LETTRE V.

SUITE DE LA DIVISION DES PROPRIÉTÉS; SON INFLUENCE SUR LA POPULATION ET SUR LES MOEURS.

Notre correspondance est trop rapide pour nous permettre, je ne dis pas d'approfondir, mais d'aborder même toutes les questions qui se rattachent à la division des propriétés. Il en est pourtant de si importantes que nous ne saurions les passer sous silence, et de ce nombre est l'influence de l'égalité des partages sur l'accroissement de la population. C'est par le principe de la population que l'économie politique entre dans le domaine de la morale et de la religion; et c'est sous ce rapport surtout que Malthus a fait faire un si grand pas à la science; mais, plus les découvertes sont importantes dans cette question, plus les erreurs peuvent devenir funestes.

L'un des argumens le plus souvent répétés en Angleterre contre l'égalité des partages, c'est la tendance qu'on lui attribue à augmenter la population dans une progression infiniment plus rapide que l'accroissement des subsistances. « Par la division des propriétés, nous dit Arthur

« Young, vous arrivez bientôt au point où la
« terre, de quelque manière qu'on la cultive,
« ne saurait nourrir un plus grand nombre de
« bouches; et pourtant les hommes conservent
« cette simplicité de mœurs qui favorise les ma-
« riages précoces. Comment les conséquences
« d'un pareil système ne seraient-elles pas les
« plus effroyables que l'on puisse imaginer? En y
« persévérant, on dépasserait bientôt en popu-
« lation la Chine, où l'on voit de malheureuses
« créatures qui ne semblent avoir été mises au
« monde que pour périr de misère et d'inani-
« tion, se disputer avec avidité les cadavres in-
« fects des chiens, des chats, des souris et les
« restes impurs de tous les animaux. De petites
« propriétés qui se subdivisent sont la plus
« grande source de misère que l'on puisse con-
« cevoir; et ce funeste système a déjà exercé
« de tels ravages en France, que la loi devrait
« incontestablement y interdire toute division
« des terres au-dessous d'un certain nombre
« d'arpens. » (Arthur Young, *Voyages en France*, tome 1er, pag. 413, 414.)

Voilà donc comment s'exprime un voyageur justement célèbre par ses connaissances agronomiques; et le savant auteur de l'article *Cottage system*, dans l'Encyclopédie d'Édimbourg, en citant ce passage à l'appui de ses argumens, semble se l'approprier et lui donner tout le poids de son autorité. Est-il, je le demande, de plus étrange preuve de l'influence d'un préjugé dominant sur les esprits les plus éclairés? Et en effet, tant que de certaines idées ne s'emparent que des masses inertes, il n'est pas difficile aux hommes indépendans de s'y soustraire et de les combattre; mais lorsqu'elles s'étendent à la presque universalité d'un pays, les esprits les plus justes se trouvent modifiés par leur influence; et, semblables à l'aéronaute qui entreprend de naviguer dans un seul élément, la boussole de la vérité cesse de leur servir de guide, ils sont entraînés avec l'atmosphère qui les entoure, et n'ont plus de terme de comparaison pour juger de leur marche.

Prétendre, comme l'ont fait plusieurs voyageurs ignorans ou superficiels, que la France soit dans un état de misère progressive, et que l'excès de sa population, comparé à ses moyens de subsistance, la menace à chaque instant des horreurs de la famine, serait un tel excès d'absurdité, qu'on n'ose pas précisément nous le soutenir en face; mais attendez, nous dit-on; cette funeste égalité de partages n'a pas encore porté tous ses fruits, peut-être même a-t-elle en ce moment quelques avantages trompeurs, et ce n'est que dans l'avenir que se révélera l'abîme de maux qu'elle vous prépare. Nous avons déjà eu occasion de remarquer que la division des propriétés date de beaucoup plus loin chez nous qu'on n'a coutume de le croire. Mais la France est-elle d'ailleurs le seul pays où l'égalité des partages soit en vigueur? La Suisse n'est-elle pas régie depuis des siècles par une législation analogue? la division de la propriété foncière n'y est-elle pas poussée fort au-delà de ce dont aucune province française nous offre l'exemple? et cependant qui peut avoir étudié, qui peut avoir parcouru seulement ce beau pays, sans y avoir reconnu les signes évidens de la prospérité et de la morale, qui est à la fois l'effet et la cause du bien-être des habitans?

La terre de Coppet est située dans cette partie de la Suisse française qui après avoir été préparée à la liberté par la religion protestante, par l'instruction publique, et par le régime paternel, si ce n'est éclairé, de la république bernoise, jouit maintenant avec calme et avec bonheur des bienfaits de l'indépendance. Autour de moi les terres sont tellement divisées, que le plus grand nombre des propriétés reste au-dessous d'un arpent. Je crois néanmoins pouvoir affirmer qu'aucun point de l'Europe n'offre une pareille image de prospérité. Loin que la population y surabonde, la main-d'œuvre y est plus chère que dans aucun autre pays du continent.

A peine la charité active des gens de bien y trouve-t-elle de la misère à soulager; et les secours reçus avec reconnaissance, lorsqu'ils sont donnés avec affection, seraient repoussés avec fierté, s'ils étaient offerts d'une main dédaigneuse. Nulle jalousie haineuse envers ceux qui sont plus favorisés de la fortune, nul orgueil qui détourne les hommes d'aucune profession utile; point de cette disposition servile qui se dédommage de l'humilité auprès des forts, par l'arrogance envers les faibles, et partout l'indépendance et le bonheur. Sans doute l'extrême division de la propriété peut avoir une tendance fâcheuse à rendre les mariages trop précoces; mais elle est utilement combattue par ce sentiment de prévoyance, fruit de la morale, de l'instruction et du bien-être, qui dit à l'homme qu'il ne doit pas devenir le chef d'une famille avant d'avoir acquis les moyens de pourvoir à sa subsistance, ni donner le jour à plus d'enfans qu'il n'en peut élever dans une condition égale à la sienne. Depuis quarante ans, l'accroissement de la population a été peu sensible dans la partie de la Suisse qui m'est plus particulièrement connue, et pendant le même espace de temps, les progrès les plus rapides se sont fait remarquer, soit dans la culture des terres, soit dans le bien-être des habitans.

L'exemple de l'Irlande est toujours cité par les économistes anglais, à l'appui de leurs argumens contre la division de la propriété, et l'on conçoit en effet que leur esprit soit préoccupé d'un si triste spectacle. Voyez, nous disent-ils, avec quelle effrayante rapidité la subdivision des terres a accru la population outre mesure, et porté la misère à son comble. Avant 1784, l'Irlande était encore un pays de pâturages divisé en fermes d'une grande étendue. Dès-lors un système erroné de primes sur l'exportation des blés et des autres matières premières, a produit une hausse factice dans les prix, dont la conséquence a été la mise en culture de tous les terrains qui en étaient susceptibles. Mais comme le manque de capital rendait impossible de trouver des fermiers capables d'exploiter de grands domaines, les propriétaires se sont vus obligés de les diviser d'abord, et de les subdiviser ensuite entre les enfans de leurs fermiers. D'autres, poussés par le désir d'accroître leur influence politique, en multipliant les électeurs dévoués à leur volonté, ont concédé à vie un grand nombre de petites métairies à des paysans qui ont acquis par là le droit de voter; d'autres enfin ont adopté un système (*cottier system*) devenu aujourd'hui presque général en Irlande, et qui consiste à donner aux gens de campagne, au lieu de gages, un petit espace de terrain à cultiver, sans les rendre toutefois propriétaires du sol. Qu'est-il résulté de cet ensemble de fausses mesures? La population de l'Irlande a augmenté dans une proportion exorbitante; elle était à peine de quatre millions d'âmes en 1790; dès 1821, elle approchait de sept millions (1). Le plus humble aliment qui puisse entretenir la vie humaine, la pomme de terre, est devenu le régulateur des salaires, comme la seule limite de l'accroissement de la race agricole, et aujourd'hui la malheureuse Irlande est couverte d'un peuple sans prévoyance, sans ressources contre la moindre variation dans le cours des saisons, constamment menacé de la famine et des maladies qu'elle traîne après soi, et toujours prêt à passer d'une servile apathie à une férocité qui ne connaît plus de frein.

Je ne nie aucun de ces faits, sans avoir eu, du reste, l'occasion de les vérifier, puisque je n'ai point parcouru l'Irlande; mais je suis loin d'en tirer les conséquences que l'on prétend en induire contre l'égalité des partages. Et d'abord, une considération générale s'offre à mon esprit;

---

(1) En Angleterre, on compte $3 \frac{1}{2}$ acres par habitant; en Irlande, seulement $2 \frac{1}{9}$ en moyenne, et à peine un acre dans les provinces les plus populeuses.

c'est que de même qu'en fixant ses regards sur la prospérité de l'Angleterre, il ne faut jamais perdre de vue l'influence toute-puissante de la justice et de la liberté; de même aussi lorsqu'on recherche les causes du malheur de l'Irlande, on doit mettre en première ligne, dans tous ses calculs, l'intolérance religieuse, le défaut d'instruction, le mauvais choix des magistrats, et en un mot toutes les conséquences funestes d'un régime oppresseur. D'ailleurs, et c'est ici le véritable point de la question, il n'y a pas au monde deux conditions plus distinctes, je dirais presque plus opposées, que celle du pauvre métayer au service d'un grand seigneur, et celle du petit propriétaire indépendant. Le sentiment de la possession, les devoirs et les jouissances qui y sont attachés, la responsabilité qu'elle impose, développent chez l'un toutes les vertus sociales auxquelles l'autre reste à jamais étranger. Avec la propriété, naissent la prévoyance et le désir d'améliorer sa condition, et la crainte de voir déchoir celle de sa famille, et le respect pour les droits d'autrui, conséquence naturelle de celui qu'on réclame pour ses propres droits; tandis que le malheureux cultivateur irlandais, toujours prêt à manquer du plus strict nécessaire, toujours dépendant des caprices d'un maître ou d'un régisseur, cherche dans les bras de sa femme la seule jouissance qui lui soit commune avec le reste de l'humanité, se fiant, pour la subsistance de ses enfans, à la pitié de son maître, jusqu'au moment où, poussé à bout par la misère, il tirera une vengeance cruelle des injustices de la société.

C'est cette distinction essentielle qu'ont entièrement perdue de vue, ou qu'ont du moins fort négligée les économistes anglais qui ont examiné la question de savoir si la répartition de petits lots de terres aux familles indigentes serait une manière efficace d'arrêter les progrès de la taxe des pauvres. Presque tous se sont prononcés pour la négative. Je dirais hardiment : Non, s'il s'agit de petites métairies; oui, s'il s'agit de petites propriétés. Mais cette question de la taxe des pauvres est si vaste et si importante, que nous ne pouvons la traiter ici ; et je me borne à vous demander la permission de vous en entretenir plus tard, si notre correspondance se prolonge.

Remarquez encore, avant de passer à d'autres considérations, que l'exemple de l'Irlande ne prouve quoi que ce soit en faveur de l'influence de la primogéniture sur l'étendue des exploitations territoriales. En effet, la loi des successions est à peu de chose près la même en Irlande qu'en Angleterre, et néanmoins ces deux pays sont placés aux extrémités opposées de l'échelle agricole. Pourquoi cela, si ce n'est que dans l'un, de grands capitaux ont formé de grandes fermes, tandis que dans l'autre, le capital ayant fui devant l'oppression, on s'est vu obligé de diviser le sol en petites métairies?

Les économistes anglais, ordinairement si habiles à observer les faits et à en tirer de justes conséquences, ont pour la plupart l'esprit si faussé sur la question de la division de la propriété, et de son influence sur la population, que les vérités les plus palpables leur échappent. La population de la France était, en 1789, selon le travail de l'Assemblée Constituante, de 26,300,000 âmes; elle est aujourd'hui d'environ 30 millions. Voilà le résultat que certains écrivains anglais nous représentent comme si effrayant, et ils oublient que, dans le seul intervalle de 1801 à 1821, le nombre des habitans de l'Angleterre et du pays de Galles s'est élevé de 9,168,000 à 12,218,000 âmes. Ainsi la population de la France s'est accrue de 14 pour cent en trente-cinq ans, ce qui fait 8 pour cent en vingt ans; et pendant les mêmes vingt années l'augmentation de la population anglaise a été de 33 pour cent, c'est-à-dire quatre fois plus considérable.

Un accroissement si rapide prouve assez que la concentration de la propriété foncière n'a point toute l'efficacité qu'on lui attribue pour maintenir un juste équilibre entre les subsistances et le nombre des consommateurs. J'irai même plus loin, et j'oserai affirmer que les substitutions et les droits de primogéniture tendent à multiplier le nombre des enfans dans les classes supérieures, à peu près de la même manière que la taxe des pauvres tend à l'accroissement des familles indigentes, c'est-à-dire en empêchant le père de s'occuper avec prévoyance du sort qui attend ses enfans après lui. Tel homme n'aurait eu, sous le régime de l'égalité des partages, que le nombre d'enfans auquel il pouvait promettre les jouissances de la fortune ; sous le régime de la primogéniture, il est assuré que l'éclat de son nom sera maintenu par son fils aîné, sa vanité est satisfaite. Ce sentiment si commun dans la classe riche, même en Angleterre, cesse de venir chez lui à l'appui de la prévoyance, et l'âge ou la santé de sa femme sont désormais la seule limite du nombre de ses enfans. Sans nier que la pureté des mœurs ne soit une des raisons principales qui expliquent pourquoi, dans les rangs élevés de la société, les familles sont beaucoup plus nombreuses en Angleterre qu'en France, je n'hésite pas à croire que le motif que je viens de vous signaler a sa part de ce résultat.

Vous méconnaissez, disent souvent les Anglais aux étrangers qui discutent avec eux la question qui nous occupe, vous méconnaissez la puissance et la beauté de l'esprit de famille. Non, sans doute; mais il y a quelque chose de plus beau et de plus fort que l'esprit de famille, c'est l'affection de famille. L'un peut naître de l'orgueil ou de l'intérêt; l'autre a sa source dans le cœur. L'un peut être développé d'une manière factice par des institutions qui sacrifient le bonheur des individus à l'éclat de la race; l'autre naît spontanément de la similitude des conditions, de la communauté des intérêts et des jouissances.

La seule relation de famille qui soit en Angleterre dans toute sa beauté, c'est le lien conjugal. Nulle part on ne trouve au même degré protection fidèle d'un côté, dévoûment tendre et religieux de l'autre. Nulle part on ne voit les femmes partager avec autant de courage et de simplicité les peines et les dangers de leurs maris, dans quelque carrière que le devoir les appelle. Cette tendresse conjugale n'est sans doute pas sans influence sur l'amour réciproque des parens et des enfans; mais c'est à cette époque de la vie surtout où le sentiment paternel se confond avec l'amour conjugal. Quand les fils entrent dans l'âge viril, quand les pères approchent de la vieillesse, on ne saurait nier qu'il n'y ait de la rudesse dans leurs rapports mutuels.

Le mot même dont se sert un enfant pour adresser la parole à son père, *Sir* (monsieur), semble indiquer un respect obligé plutôt qu'une confiance affectueuse. Le fils aîné, assuré dès sa naissance que le titre et la fortune de son père lui appartiendront, s'habitue de bonne heure à se considérer comme un être indépendant; ce qu'il reçoit de ses parens est à ses yeux une dette plus qu'un bienfait; souvent même il se croit en droit de contrôler la conduite de son père dans l'emploi d'une fortune qu'il regarde d'avance comme la sienne. Le père, à son tour, suivant la disposition de son caractère, place son orgueil sur l'héritier de son nom, et néglige pour lui le sort de ses autres enfans; ou bien, au contraire, il voit un rival dans son successeur, et ne s'occupe que de lui dérober tout ce qu'il peut soustraire à l'empire du majorat.

La mort d'un père, celle d'un frère aîné dont on attend l'héritage, sont sur la scène anglaise l'objet de plaisanteries que l'on tolère, que l'on applaudit même, et qui chez nous révolteraient le public le moins délicat. Je suis loin de donner à ces remarques une injuste généralité; mais j'ai vu des exemples de ce que j'avance, et le seul fait que de pareils sentimens puissent germer dans un pays aussi moral et aussi religieux que l'Angleterre, prouve un vice dans les institutions.

Espérer que les affections puissent rester entièrement étrangères aux intérêts, et qu'elles ne soient point altérées par des lois qui rendent si disproportionnée la condition des membres d'une même famille, c'est attendre de la nature humaine plus que sa faiblesse et sa corruption ne permettent.

Quoi qu'il en soit, disait le docteur Johnson, la primogéniture a un grand avantage, c'est qu'elle ne fait qu'un sot par famille (*one fool in each family*). Cette plaisanterie renferme deux assertions : l'une, que je crois fort contestable, est que l'absence de fortune stimule l'activité des cadets : l'autre, qui est vraie en général, mais ne s'applique point à l'Angleterre, est que la jouissance assurée d'une grande fortune éteint les facultés intellectuelles de l'aîné.

La première de ces assertions peut être fondée en tant qu'on l'applique seulement aux familles les plus opulentes, dans les premiers rangs de la société. Si l'on conçoit qu'un homme ait 15,000 liv. sterling (360,000 fr.) de rente, et qu'il les partage également entre cinq enfans, chacun d'eux héritera d'un revenu de 72,000 fr., c'est-à-dire précisément du degré de fortune qui lui assurera des jouissances faciles, sans toutefois lui permettre de rien entreprendre sur une grande échelle, d'améliorer l'agriculture, de perfectionner l'exploitation des mines, d'ouvrir des canaux utiles au commerce; en un mot, de contribuer à l'avancement de son pays, en travaillant à son propre bien-être. Il devient donc probable que chacun de ces cinq enfans passera sa vie dans l'oisiveté, et que son inutile existence ne laissera pas de trace sur la terre. Si, au contraire, la totalité de la fortune avait été laissée à l'aîné, les cadets, habitués, dans la maison de leur père, au spectacle des grandeurs de ce monde, et sachant en même temps qu'ils ne peuvent compter que sur leurs propres efforts pour y parvenir, commenceront de bonne heure à exercer leurs facultés avec énergie, et remonteront, par leur talent, au rang où la naissance a placé le chef de famille.

L'aîné, de son côté, chargé de la direction d'une immense fortune, sera obligé d'acquérir du moins quelques connaissances ; son intelligence se développera par des occupations pratiques, et au lieu de cinq êtres médiocres, vous aurez peut-être un homme utile et quatre hommes distingués. Tel est du moins le raisonnement que j'ai fréquemment entendu répéter en Angleterre. Mais les familles qui ont 360,000 fr. de rente sont si peu nombreuses, et si peu importantes dans l'ordre général de la société, qu'une législation qui ne serait bonne que pour elles ne vaudrait vraiment pas la peine de s'en occuper. Si nous descendons de ces hauteurs privilégiées, nous trouverons que, pour un fils cadet dont le manque de fortune a excité l'ambition, et qui a fini par triompher de tous les obstacles, il en est cent qui échouent dans leurs entreprises, et passent leur vie dans l'oisiveté, faute d'un capital qui leur permette de se livrer utilement à une branche quelconque d'industrie.

Dans tous les pays du continent où le système des majorats a été introduit, la nullité intellectuelle de la noblesse est devenue proverbiale, et les grands d'Espagne me dispensent de chercher d'autres exemples de ce fait incontestable. Si la Grande-Bretagne forme une exception à cet égard, comme à tant d'autres, gardons-nous donc, je le répète, d'attribuer ce phénomène à l'institution même qui en a gêné le développement; remontons à ses véritables causes, et ne tombons pas dans cet éternel sophisme des esprits communs : *Post hoc, ergo propter hoc.*

Je suppose qu'on vînt nous dire : Il existe dans le monde un pays où les grandes fortunes sont en partie substituées, et où toutes sont soumises à la loi de primogéniture. Les fils aînés jouissent seuls des biens de leur père, à l'exclusion de leurs frères et de leurs sœurs. Ils sont traités dès leur enfance en princes héréditaires, et s'habituent de bonne heure à ne voir dans leurs parens que les usufruitiers d'une fortune qu'ils sont assurés de posséder un jour en entier. Dans ce pays, les nobles, c'est-à-dire selon le sens anglais de ce nom, les hommes titrés et leurs fils aînés, jouissent de nombreuses prérogatives, indépendamment de leurs priviléges constitutionnels. Ces prérogatives commencent dès le collége; ils sont assis à une table distincte, séparée de celle des simples gentilshommes ou des bourgeois. Des jeunes gens, déjà leurs égaux ou leurs supérieurs en talent, et destinés peut-être un jour à devenir leurs supérieurs en dignité, se tiennent debout pendant qu'ils dînent, et ne commencent leur repas qu'après qu'ils ont achevé le leur. Au sortir de l'université, ils prennent, par le seul droit de leur naissance, ces degrés que d'autres n'obtiennent qu'après les examens les plus sévères. A peine devenus majeurs, leur place est marquée d'avance dans le sénat, sans autre peine que de se présenter parmi les candidats, et de faire quelques sacrifices pécuniaires que la fortune de leur père rend peu onéreux. Pendant tout le cours de leur vie, quelle que puisse être leur médiocrité, le titre qu'ils portent est entouré d'égards et de respect; depuis le chétif plaisir de passer les premiers dans un salon, jusqu'au privilége important d'être les gouverneurs héréditaires de leur province, jusqu'à la noble prérogative d'influer par leur vote sur les destinées de leur patrie, il n'est aucun avantage social qui ne leur soit assuré par leur rang, sans avoir à le mériter par aucun effort, sans avoir à craindre qu'il leur soit enlevé, lors même qu'ils ne le légitimeraient ni par leur talent, ni par leur caractère.

Maintenant qu'après avoir tracé *a priori* le tableau d'un pareil pays, on demande à des hommes de bon sens, dans quelque lieu que le sort les ait fait naître : Quel doit être le résultat d'une semblable organisation sociale? Quelle influence doit-elle avoir sur le développement moral et intellectuel des classes supérieures? En est-il un seul qui hésitât à répondre : La noblesse du pays dont vous me parlez ne peut manquer de tomber dans un état progressif de dégradation intellectuelle. L'ignorance et la sottise sont le produit naturel du système que vous m'avez exposé.

Aurait-il tort de tirer une telle conclusion ? Non, sans doute. Eh bien, je n'ai rien inventé; le pays dont je parle est la Grande-Bretagne; et pourtant il suffit de parcourir la liste de la chambre des lords, pour demeurer convaincu qu'aucune classe d'hommes ne surpasse ou n'égale même l'aristocratie anglaise en lumières, en talens et en vertus. C'est que cette aristocratie, loin d'être exclusive, comme sur le continent, est toujours accessible à quiconque devient digne d'y prendre place; c'est qu'elle n'est pas soustraite au principe fécond de la concurrence; c'est que l'opinion publique d'un peuple libre est plus puissante pour stimuler les facultés, que les priviléges de naissance et de fortune ne sont habiles à les éteindre.

Elle dit au jeune héritier d'une famille patricienne : Les usages de l'université vous donnent le privilége d'obtenir sans effort les honneurs qui sont pour d'autres le fruit d'un travail assidu; mais l'amour de l'étude, mais l'estime de vos condisciples est au-dessus de ce privilége. Elle dit au noble parvenu à la jouissance de son rang : Les lois et les mœurs de votre pays vous accordent de grandes et faciles prérogatives; vous pouvez en jouir dans l'oisiveté; personne ne vous les contestera, personne ne viendra vous contraindre de faire quelque chose pour un ordre social qui a tant fait pour vous; mais si votre cœur est animé de pensées généreuses, j'ai de plus hautes récompenses à vous offrir;

venez mériter le respect des gens de bien et les applaudissemens d'un public éclairé.

Voilà le secret de la supériorité morale de l'aristocratie anglaise, et non point les majorats, non point les droits de primogéniture. Ne nous persuadons pas que les priviléges puissent, comme le satyre de la fable, souffler le froid et le chaud; faire des bêtes en Autriche ou en Espagne, et des hommes distingués en Angleterre.

LETTRE VI.

INFLUENCE POLITIQUE DE LA DIVISION DES PROPRIÉTÉS.

Il nous resterait à considérer la division des fortunes sous le rapport de son influence politique; mais ce sujet devient si vaste, que je pourrai à peine parcourir avec vous quelques uns des argumens employés en Angleterre par les partisans de la grande propriété.

Ces argumens sont de deux natures : les uns sont puisés dans l'intérêt de la monarchie, les autres ont en vue le maintien et le développement de la liberté.

« La condition la plus essentielle d'une mo-
« narchie, nous dit-on, c'est qu'il y ait entre le
« roi et le peuple une gradation bien entendue
« de corps aristocratiques qui servent de pié-
« destal au trône, et le garantissent des atta-
« ques de la démocratie. Voyez l'Assemblée Con-
« stituante; elle avait isolé le pouvoir royal au
« milieu d'institutions toutes républicaines,
« comme un obélisque élevé sur un terrain ni-
« velé : il en est arrivé que la première tour-
« mente populaire a suffi pour le renverser. Une
« pairie héréditaire dans la monarchie constitu-

« tionnelle, une noblesse privilégiée dans la mo-
« narchie absolue, sont indispensables à la sta-
« bilité de l'édifice royal ; or, comme la richesse
« est un des élémens nécessaires de l'éclat dont
« cette aristocratie doit être entourée, il suit de
« là que la monarchie ne saurait se passer des
« majorats, des droits de primogéniture, et des
« autres institutions qui tendent à concentrer
« les fortunes et à les perpétuer dans les mêmes
« familles. »

En supposant que ce dernier raisonnement fût juste, je n'en rejetterais pas moins tout l'ensemble d'une argumentation dont le vice principal est de confondre les moyens avec le but.

Les diverses espèces de gouvernement ne sont que des méthodes inventées par l'ordre social pour assurer la moralité et le bonheur des nations. Entre ces méthodes, je veux bien que la monarchie soit la plus parfaite, mais encore n'est-elle qu'un moyen ; elle ne constitue pas à elle seule un but qu'il faille atteindre à tout prix.

S'il était donc démontré d'une part que de certaines institutions sont indispensables à la durée de la monarchie, et de l'autre que ces institutions sont nuisibles à la morale et au bonheur, on serait en droit d'en tirer une conclusion peu favorable à la monarchie. Si un uhlema établissait, par de doctes raisons, que l'usage qui autorise le Grand-Seigneur à couper quatorze têtes par jour, sans autre motif que son caprice, est une institution essentielle au pouvoir de la sublime Porte, on n'en conclurait pas sans doute que cette atroce coutume doit être conservée, mais bien que la tyrannie musulmane doit être détruite.

En me servant de cet exemple pour pousser le raisonnement à l'absurde, il va sans dire que je ne songe pas à établir une comparaison entre le despotisme de Constantinople et la monarchie limitée, entre les majorats et les cruautés arbitraires d'un sultan. Je crois que la liberté et la justice peuvent prospérer sous la monarchie, pourvu qu'il y ait publicité et intervention du pays dans la direction de ses affaires. Je suis porté à croire également que dans l'état actuel de la société européenne, une pairie héréditaire, riche et indépendante, peut être dans quelques pays une institution utile qu'il serait imprudent de rejeter, là où elle existe, pour y substituer des combinaisons arbitraires ou des inventions sans autorité. Mais précisément parce que telle est mon opinion, je me garderais de dire qu'une distribution factice de la propriété, par des lois dont nous avons reconnu les inconvéniens, soit une condition nécessaire de l'établissement et de la durée de cette pairie.

Là où se trouvent les véritables élémens de son existence, elle prospérera sans le secours de ces lois. Là, au contraire, où l'état des esprits et des mœurs la repousse, les majorats ne sauraient lui donner cette force morale qui seule peut la rendre profitable au monarque et au peuple.

Les emplois publics sont, de nos jours, sur le continent surtout, la principale source de richesse dans les rangs élevés de la société; si c'est un mal sous plusieurs rapports, l'on peut dire aussi que ceux qui occupent ces emplois étant placés par là dans une position plus enviée, tous les regards s'attachent à eux, et qu'ils se trouvent soumis à une plus grande responsabilité d'opinion. C'est ce qui arrive du moins là où l'esprit de parti n'a pas faussé le sens moral, et où les hommes en pouvoir ne poussent pas l'impudeur jusqu'à tirer vanité des reproches mêmes qui devraient les couvrir de confusion. Les emplois publics, avons-nous dit, sont le plus souvent l'origine des grandes fortunes; or ces emplois sont dans une monarchie l'apanage naturel de ceux qui entourent le trône, et qui joignent à l'avantage d'avoir du loisir celui d'être habituellement rapprochés des distributeurs du pouvoir, surtout lorsque, investis d'une magistrature inamovible, il devient fort important pour la couronne de s'assurer leur voix dans l'assemblée législative. Le rang élevé où ils se trouvent placés leur facilite d'ailleurs des alliances avantageuses : la richesse appelle la richesse, c'est un fait avéré dans tous les temps et dans tous les pays. Qu'est-il donc besoin d'accélérer cette pente naturelle par des institutions qui, ainsi que nous l'avons vu, compromettent le bien-être de tous pour l'avantage prétendu d'un petit nombre? Je dis l'avantage prétendu, car partout où le commerce et l'industrie ne concourent pas, sous la protection d'un gouvernement libre, à l'accroissement des capitaux, les substitutions seules n'ont jamais suffi pour maintenir l'éclat des familles. Sismondi l'a démontré d'une manière très remarquable dans le premier volume de ses *Nouveaux Principes d'économie politique*.

Considéré sous le rapport des intérêts de la liberté, le sujet qui nous occupe devient, je l'avoue, plus délicat et plus difficile à traiter. Les argumens des partisans de la grande propriété, ceux de Malthus, en particulier (1), acquièrent ici une précision qui leur manque sur les autres points de la question.

Sous le régime du partage égal des biens, nous disent-ils, il arrive nécessairement que

---

(1) **Principes d'économie politique.**

l'État seul s'enrichit des sacrifices des contribuables, mais qu'aucun individu n'acquiert une fortune et une consistance sociale qui lui permettent d'opposer au besoin une digue aux empiétemens du pouvoir, ou aux aberrations de l'opinion populaire; de protéger le faible, de soutenir, d'encourager l'homme pauvre et consciencieux qui refuse de fléchir le genou devant un ordre injuste, ou de plier son esprit aux caprices d'un parti victorieux. Chacun ayant précisément ce degré de fortune qui n'assure le bien-être qu'à la condition de s'occuper constamment de ses propres affaires, nul n'a de loisir à consacrer gratuitement aux affaires publiques; l'esprit devient indifférent à tout ce qui n'est pas intérêt personnel; les caractères paisibles s'affaissent dans l'apathie; les hommes actifs recherchent des places comme le moyen le plus simple de s'enrichir, et chaque jour l'égoïsme et la vanité viennent accroître l'influence du gouvernement. « Un tel pays, dit « Malthus, est le sol par excellence pour l'éta- « blissement du despotisme militaire. »

Avouons-le avec douleur, ces reproches ne sont pas sans fondement. Nous nous sommes, il n'est que trop vrai, trouvés sans défense contre les divers régimes que des gouvernemens oppresseurs ou dociles ont imposés à notre patrie; nous les avons subis; nous avons passé de l'un à l'autre avec une facilité déplorable; et les hommes généreux, qui conservaient dans leur cœur le feu sacré, n'ont été ni assez forts ni assez tranquilles dans la possession de leur importance politique pour rallier de nombreux amis autour de leur étendard, et pour résister tour à tour au joug monotone d'un despote, et à la tyrannie désordonnée de la multitude.

Mais est-ce donc au partage égal des fortunes qu'on doit imputer ces tristes résultats? Les substitutions et les droits de primogéniture possèdent-ils le secret merveilleux de prévenir ou de guérir toutes les maladies politiques? L'Angleterre elle-même prouve le contraire; elle a eu aussi ses temps de faiblesse et même de servilité. Les priviléges de sa haute noblesse, de ses corporations, l'indépendance de ses grands propriétaires, n'ont pas toujours suffi, tant s'en faut, pour repousser la tyrannie, pour engager même la lutte. Il est des événemens dont l'immensité déjoue toutes les institutions, dont le poids brise toutes les résistances, parce qu'ils sont destinés par la Providence à changer, non pas seulement les formes, mais l'essence même de la société. Telle a été la révolution française; et loin de croire qu'il faille chercher dans le partage égal des fortunes la cause des vertus publiques qui nous manquent encore, j'y trouve au contraire la source de la plupart des qualités que nous possédons. Le sentiment de la propriété supplée à quelques égards à l'indépendance de caractère qu'inspirent ailleurs aux citoyens la connaissance et la pratique de leurs droits. Le journalier se croit moins à la merci du riche qui l'emploie, s'il a un champ qu'il puisse appeler sien. L'homme en place obéit au pouvoir avec une docilité moins complaisante, s'il possède un patrimoine qui lui assure au moins le strict nécessaire.

La nuée d'employés que nous a légués le régime impérial n'est pas un des moindres maux dont nous soyons redevables à cette époque funeste. Jamais, à aucun temps et dans aucun pays, le nombre des places à la nomination du gouvernement n'a été poussé à un excès aussi absurde qu'il l'est en France : on peut à peine se faire croire d'un Anglais ou d'un Américain, lorsqu'on lui montre la liste de celles qui dépendent du seul département de la justice. Que dire de celui de l'intérieur ou des finances? Mais toutes ces fonctions, dont plusieurs seraient plus utilement remplies, si elles l'étaient d'une manière gratuite et sans autre stimulant que le suffrage populaire, dont un bien plus grand nombre encore est entièrement superflu, et consomme en pure perte du temps et de l'intelligence humaine; toutes ces fonctions, dis-je, ne sont pas pour cela des sinécures ; il s'en faut même de beaucoup.

Le magistrat qui siége toute l'année pour juger des causes qu'on verrait disparaître dans un meilleur système de procédure et d'organisation judiciaire, l'employé qui passe de longues matinées à écrire des circulaires, à remplir des cadres, à tracer des tableaux, à réglementer par mille formules pédantesques des transactions qui devraient être abandonnées au libre bon sens des citoyens, font l'un et l'autre un travail assurément fort inutile aux yeux de la raison. Mais ils sont loin d'être oisifs, ils se considèrent comme des rouages indispensables dans la machine sociale; et en comparant à la fin de l'année l'extrême modicité de leur salaire avec le temps qu'ils ont consacré aux devoirs de leur place, ils peuvent légitimement croire que leur marché avec le gouvernement n'a rien de trop avantageux. L'idée du droit s'attache dans leur esprit comme dans l'opinion générale à la longue possession d'une place, et aussi voyons-nous que dans ce pays, où les plus grandes iniquités politiques passent quelquefois inaperçues, une destitution manque rarement d'exciter la commisération et le mécontentement du public.

La question se présente sous un tout autre aspect en Angleterre, où les places sont à la fois beaucoup plus richement rétribuées en proportion du travail qu'elles exigent, et où le gouvernement, content de s'assurer une large part d'influence par les faveurs dont il dispose, n'a pas, comme chez nous, la prétention de tout faire, de tout voir, d'intervenir dans les moindres relations des hommes entre eux, et de les conduire comme avec des lisières.

Sans doute il est avantageux que beaucoup de fonctions publiques soient confiées gratuitement à des propriétaires riches et indépendans par leur position comme par leur caractère; mais il s'en faut que cet avantage soit indissolublement lié au système de la primogéniture. Nous voyons même qu'à côté des familles qui se font un devoir et un honneur héréditaire de défendre les libertés du peuple, il en est d'autres, et en grand nombre, qui sont livrées sans réserve à l'influence ministérielle, par le désir et presque la nécessité d'obtenir pour leurs fils cadets des grades, des emplois ou des sénicures.

Que la résistance indépendante d'une aristocratie riche et éclairée puisse être mise au nombre des garanties de la liberté sous la monarchie, c'est ce que je ne nierai point; mais, sans revenir sur ce que nous avons déjà dit, je

crois qu'on s'exagère fort l'importance d'une pareille garantie, même en Angleterre, et qu'elle deviendrait bientôt illusoire si elle était isolée des autres institutions qui éclairent et fortifient l'opinion publique.

Ici, je dois signaler à vos réflexions un changement qui s'est opéré et s'opère de jour en jour dans l'esprit de l'Angleterre. Ce changement, pour n'être pas suffisamment apprécié par les publicistes du pays même, n'en est pas moins incontestable.

A l'époque de 1688, ce ne fut point le mouvement des masses, ce furent les lumières et les intérêts de l'aristocratie qui renversèrent les Stuart et changèrent la forme du gouvernement. La révolution heureusement accomplie, les grandes familles whigs se trouvèrent naturellement à la tête des affaires, et la nation, reconnaissante de ce qu'elles avaient devancé ses vœux et satisfait ses véritables besoins avant qu'elle les connût bien elle-même, ne leur demanda pendant long-temps autre chose que de se maintenir au pouvoir. L'opinion se ralliait à de certains noms comme à des étendards, et pendant la plus grande partie du dix-huitième siècle la politique intérieure a roulé sur des questions de personnes, bien plus que de principes. Sera-ce l'aristocratie whig ou l'aristocratie tory qui occupera le ministère? tel semble être tout le débat. Pendant ce temps, sans doute, la nation grandit, la liberté fait des progrès; mais ces progrès n'apparaissent que dans le fond du tableau, et les intérêts aristocratiques occupent seuls les premiers plans. Certains Mémoires du siècle dernier, ceux du comte de Waldegrave en particulier, sont très curieux à lire sous ce point de vue. Si les noms ne rappelaient pas au lecteur qu'il s'agit de l'Angleterre, on serait souvent tenté de croire que la scène se passe à Madrid ou à Versailles, et que l'observateur est placé à *l'œil-de-bœuf*, tant les intérêts du peuple et de la liberté se perdent dans les intrigues de la cour et du cabinet.

Plusieurs circonstances, au premier rang desquelles il faut placer la guerre d'Amérique et la révolution française, ont contribué à changer progressivement le caractère intérieur de la politique anglaise. On a commencé à demander à l'administration, non plus seulement d'appartenir à telle ou telle couleur, mais de satisfaire tels ou tels besoins, de répondre à tel ordre d'idées ou d'intérêts. Les actes ont acquis de l'importance à mesure que les personnes en ont perdu, et aujourd'hui l'on s'enquiert moins de ce que sont les ministres que de ce qu'ils font.

D'un autre côté, la sphère de la discussion

parlementaire s'est agrandie, beaucoup d'objets d'intérêt public ou privé ont passé des mains de l'administration entre celles du parlement, beaucoup d'autres, et c'est le plus grand nombre, passent journellement du domaine de la législation dans celui de l'activité individuelle ou collective des citoyens, et le parlement n'y intervient plus que pour sanctionner les résultats de l'esprit d'association. A mesure que l'ordre social s'élève par les progrès des lumières, la base de l'édifice politique s'élargit, la nation gère elle-même ses affaires, et l'opinion publique devient de plus en plus la véritable reine du pays. Tel est le progrès naturel des sociétés, quand aucune gêne factice n'entrave leur développement.

La puissance de l'opinion est un phénomène tout nouveau dans l'histoire, et qui forme le caractère distinctif de l'époque actuelle. Les pays libres ne sont pas les seuls qui ressentent son influence; les États despotiques eux-mêmes ne peuvent se soustraire à son empire; en vain se liguent-ils pour la combattre; ils sont entraînés à leur insu par l'atmosphère qui les environne. D'innombrables soldats obéissent à leurs ordres, leurs journaux sont muets, leur noblesse est sans force, leur peuple sans liberté, nulle barrière ne les gêne, et pourtant ils se sentent contenus par je ne sais quelle puissance invisible. Commettent-ils une injustice, ils se croient obligés de l'excuser par des sophismes. Font-ils une sottise, il semble que l'Europe en chœur leur répète le refrain du roi Midas, et que l'opinion publique leur tienne lieu de conscience et de bon sens.

Sans doute, dans le mouvement ascendant de toute l'Angleterre, l'aristocratie n'a pas cessé d'occuper et de mériter le premier rang; mais ne nous y trompons pas, ce n'est plus elle qui donne l'impulsion, elle ne fait que participer au mouvement général du pays. Ne retombons donc pas encore ici dans cette erreur commune d'attribuer les effets de plusieurs causes concomittantes à une cause unique qui, le plus souvent, n'a exercé sur le résultat qu'une influence accessoire.

Si nous reportons maintenant nos regards vers la France, une dernière considération décisive nous frappera. Dans l'ordre politique comme dans l'ordre moral et dans le monde physique, il est donné à Dieu seul de créer des forces; nous ne pouvons qu'observer leur mode d'action, et les appliquer à notre usage. Le talent comme le devoir de l'homme d'État est de profiter de tous les élémens que la société lui fournit, d'étudier avec soin tous les germes qui se développent, pour les faire servir au bien-être et à l'avancement de la communauté; mais créer des élémens moraux que l'histoire ou les mœurs du pays ne lui donnent pas, c'est ce qui n'est point en son pouvoir.

Or, je ne crains pas de l'affirmer, l'élément aristocratique n'existe point en France, ou il est si faible et si peu d'accord avec l'ensemble des mœurs et des idées, que quelque chose de ridicule et de guindé s'attache invinciblement à nos tentatives pour le développer. Sous Bonaparte, on pouvait s'en prendre à la nouveauté de la dynastie; mais pourquoi en est-il de même depuis la restauration? C'est qu'à aucune époque de son histoire la France n'a eu d'aristocratie nationale. La noblesse y est devenue *courtisane* dès qu'elle a cessé d'être féodale, et de là vient que l'idée des prérogatives héréditaires est inséparable, dans la plupart des esprits, de celle de priviléges injustes ou de puériles vanités.

Les manteaux des pairs d'Angleterre sont de vieilles toges de magistrats, dont la vétusté rehausse l'éclat, et dont le seul aspect retrace à la fois les souvenirs historiques qui séduisent l'imagination et les garanties constitutionnelles qui plaisent à la raison. Les habits de cérémonie de nos pairs, les uniformes de nos gens de cour, composés l'autre jour avec les doctes avis du tailleur et de la marchande de modes, ne sont et ne seront de long-temps que des costumes de mélodrame. Plus l'étoffe en est brillante, plus la broderie en est riche, plus ils font d'honneur au goût exquis de ceux qui les ont inventés; mais quant à leur effet sur l'imagination, quant à l'influence morale dont ils sont doués, il me semble permis d'en douter.

Attendez, me dira-t-on : rien ne supplée à l'action du temps ; commencez par établir les majorats et la primogéniture, et laissez prendre racine à ces institutions. Je n'affirmerai pas que les efforts que nos hommes d'État pourraient tenter en ce genre soient frappés d'avance d'une impuissance complète; mais tout au moins est-il permis de penser que ces efforts seraient plus utilement employés dans toute autre direction. A force d'argent, de peine et de patience, il n'est pas absolument impossible de faire croître des cèdres du Liban dans les plaines de la Beauce, mais tout homme de bon sens préférera y cultiver du blé. Fonder l'espoir de la liberté sur des germes imperceptibles d'aristocratie, qui peut-être ne se développeront jamais, ce serait imiter cet archevêque qui donnait l'ordre de semer du chanvre, quand on venait lui dire que ses pages manquaient de chemises.

Nous sommes convenus, au commencement

de cette discussion, que toute intervention du législateur dans la direction des capitaux et dans la division des fortunes était funeste en général. Nous nous trouvons, en finissant, ramenés à la même vérité; et, sous ce rapport, je ne disconviendrai pas des inconvéniens de la loi française qui restreint la volonté paternelle dans des limites trop étroites. Il est impossible de déterminer par avance que la division des fortunes ou leur concentration sera constamment le système le plus avantageux pour la communauté. Les besoins de la société varient comme les intérêts de chaque famille, et la raison individuelle est le seul juge compétent à cet égard. Toute gêne inutile qui lui est imposée me semble donc fâcheuse, et la loi qui permet à un père de famille de faire, durant sa vie, tel usage qu'il voudra de son bien, de le donner, de le dissiper, de le perdre au jeu, et qui interdit à ce même père de distribuer sa fortune entre ses enfans, lorsqu'il écrit son testament en présence de la pensée de la mort et de la religion, une telle loi est sans doute inconséquente.

En renfermant la question dans ces limites, je serai volontiers d'accord avec les économistes anglais; je réclamerai volontiers une plus grande latitude pour le droit de tester, mais je me garderai d'aller plus loin. Je ne cesserai pas de croire qu'à défaut d'une volonté manifestée par le père, la distribution égale entre les enfans doit rester le droit commun; et si, même après l'adoption d'une loi nouvelle, les mœurs continuent à maintenir l'égalité de partage, je m'en féliciterai pour ma patrie.

LETTRE VII.

ARISTOCRATIE ET DÉMOCRATIE.

Je vous disais dans ma première lettre qu'on ne pouvait guère énoncer de généralité sur le compte de l'Angleterre, à laquelle il ne fût aisé d'opposer une généralité toute contraire. Cette remarque ne m'a point été dictée par l'amour du paradoxe; elle est fondamentale, et mérite quelques développemens.

L'Angleterre est le seul pays de l'Europe où tous les élémens de la civilisation moderne se soient développés librement, le seul où ils aient eu leur plein essor. Tandis que d'autres nations ont été soumises à des formes factices, qu'elles ont reçu l'empreinte d'une législation étrangère, ou qu'elles ont été gênées dans leur croissance par des réglemens composés à plaisir dans le conseil d'un roi, ou dans le cabinet d'un ministre, l'Angleterre seule s'est faite elle-même ce qu'elle est; seule aussi, tout en s'enrichissant des conquêtes progressives de la raison humaine, elle n'a rien sacrifié de l'héritage des siècles passés. Hardiesse à entreprendre, ténacité à conserver; tels ont été les caractères de la nation, dès le temps où les barons s'écriaient d'un commun accord : *Nolumus leges Angliæ mutari* : tels sont encore les caractères qui la distinguent. De là vient l'attrait particulier qu'offrent l'étude et le spectacle de l'Angleterre. C'est le pays des contrastes; c'est une tragédie de Shakespeare, c'est un roman de Walter Scott : tout s'y trouve réuni, et tout y est plein de vie et d'originalité.

Sans doute les élémens divers qui se trouvent là rassemblés en si grande abondance, auraient souvent besoin d'être soumis à un ordre plus systématique; il y a des broussailles à élaguer, des routes droites à tracer; mais là où la végétation est riche et vigoureuse, le travail du jardinier est facile. Chaque jour corrige quelque abus : la publicité dans le monde social, comme le soleil dans la nature physique, répare les fautes des hommes et féconde leurs travaux. De jour en jour on voit l'ordre général naître spontanément de l'emploi bien dirigé des forces individuelles. Mais cet ordre n'est point la froide symétrie à laquelle on peut soumettre la matière inerte, c'est l'ordre vivant de la nature : mille forces diverses se combattent ou se font équilibre, et varient à nos yeux le spectacle de l'univers, sans troubler l'harmonieuse beauté de l'ensemble.

Que notre organisation politique offre un ableau différent! Sur le papier rien de plus méthodique. Le terrain est bien nivelé, la symétrie est admirable, les plates-bandes d'un jardin hollandais ne sont pas mieux alignées; nous pouvons rendre compte de tout par tenant et aboutissant. S'agit-il d'administration, le maire s'adresse au sous-préfet, celui-ci au préfet, le préfet au ministre, dont l'arrêté sur grand papier, avec force chiffres et tableaux, redescend par la même filière jusqu'aux administrés, terme technique par lequel on désigne le peuple français. S'agit-il de justice, la hiérarchie n'est pas moins bien réglée; nous avons trois cent soixante tribunaux de première instance, puis vingt-six cours royales, puis une cour de cassation. Nous avons des juges, puis des conseillers, puis des présidens, et des procureurs du Roi, et des procureurs généraux; chacun a ses attributions, son costume et son traitement. Rien n'est plus commode à apprendre par cœur. Ce n'est pas tout; nous avons une charte en soixante-seize articles. L'article 1er nous proclame égaux devant la loi; l'article 4 dit que notre liberté individuelle est garantie; l'article 8 assure que nous avons le droit de publier nos opinions; suivant l'article 13, les ministres sont responsables; l'article 35 nous donne une chambre élective; l'article 65 maintient le jugement par jurés. Veut-on d'autres libertés, on n'a qu'à chercher quelqu'autre article à son numéro. On aurait mauvaise grâce de n'être pas satisfait de droits si clairement enregistrés.

Maintenant qu'un curieux vienne nous dire : Sans doute vous avez là des institutions précieuses et une belle méthode de gouvernement. Mais si au milieu de votre arrangement systématique, les fonctionnaires publics s'érigeaient en une aristocratie oppressive, si un maire se permettait des actes arbitraires envers ses administrés, comme vous les appelez; si ces actes étaient confirmés par le préfet, sanctionnés par l'autorité supérieure; si le gouvernement rendait les élections illusoires par la force ou par l'intrigue; si un ministre, ambitieux pour son compte ou pour le compte du parti auquel il serait asservi, renversait même vos institutions fondamentales; si la liberté de la tribune, si la publicité des débats judiciaires étaient attaquées, quels seraient, je vous prie, vos moyens de résistance? Possédez-vous quelques garanties réelles? et si ces garanties existent, avez-vous l'activité, l'énergie, la jalouse vigilance par qui seules on peut conserver des droits acquis et en obtenir de nouveaux?

Qu'aurions-nous, hélas! à répondre? et ne serions-nous pas forcés de convenir que, dans notre organisation politique, tout manque de vie et de réalité, et que l'ordre méthodique et uniforme qui règne à l'extérieur de nos institutions et de nos mœurs cache au fond le plus grand des désordres sociaux, l'absence totale de moyens de résistance, et l'absence plus pernicieuse encore du sentiment de nos droits et de nos devoirs de citoyen.

J'aurai plusieurs fois, dans le cours de notre correspondance, l'occasion de vous faire remarquer les divers genres de contrastes qu'offre l'Angleterre; mais je ne voudrais pas m'écarter maintenant du sujet auquel nous nous trouvons naturellement conduits par mes dernières lettres.

L'Angleterre est un pays éminemment aristocratique : elle l'est par ses institutions, par ses opinions, par ses mœurs. Elle l'est plus qu'aucun pays de l'Europe, plus que la marche générale du siècle ne semblerait le rendre possible; plus enfin, je n'hésite pas à le dire, que son bonheur et ses véritables intérêts ne le rendent désirable. Cette observation est surtout frappante pour nous, qui, à la liberté près, avons toutes les habitudes de la démocratie, et qui, suivant notre situation ou notre caractère, considérons les supériorités sociales avec une parfaite indifférence ou avec une humeur chagrine et jalouse.

Division inégale des propriétés, primogéniture, substitutions, pairie héréditaire, influence électorale, distinction des rangs, prérogatives honorifiques, corporations privilégiées, partout se trouve l'élément aristocratique. Mais règne-t-il seul? Non, sans doute. S'il est vrai de dire que l'aristocratie a de plus profondes racines en Angleterre que dans aucun pays du continent, il ne l'est pas moins d'affirmer que nulle part en Europe la démocratie n'est aussi réelle et aussi active.

Je ne parle pas même des élections populaires, des assemblées de comtés, des réunions publiques de tout genre, où les premiers personnages de l'État sont obligés de venir recevoir l'éloge ou le blâme de la multitude. Mais considérons seulement l'organisation communale de l'Angleterre. Quoi de plus républicain de ce côté-ci de l'Atlantique? Quel est le pays en Europe où l'universalité des citoyens dirige par elle-même la plupart de ses affaires ecclésiastiques, administratives et financières, où elle nomme les officiers de police, les percepteurs, les administrations des pauvres, les inspecteurs de la voierie? Et n'allez pas croire que ce soient là de vaines formalités que l'on remplit sans intérêt, ou des obligations onéreuses dont on s'acquitte avec répugnance. Non, ce sont des droits appréciés et exercés journellement par les moindres citoyens de l'Angleterre. Chaque commune est un petit État démocratique; il y a telle paroisse de Londres, et d'autres villes de l'Angleterre, où la lutte animée des partis et des intérêts locaux rappelle pour ainsi dire les républiques italiennes du moyen âge. Elles ont, comme Florence, leurs *fuoruciti*, qui, chassés du pouvoir par un parti contraire, parviennent, après de longs efforts, à reprendre la prépondérance, et à reconquérir la confiance de leurs concitoyens. L'élection d'un magistrat, l'adoption de telle ou telle mesure d'intérêt local met en mouvement les esprits, soulève les passions : on se réunit, on parle, on écrit, on plaide; rien ne coûte pour assurer le triomphe de son opinion ou de son parti. Mais sous la main toute-puissante de la justice, l'ordre public n'a rien à craindre de cette effervescence qui fait pénétrer la vie jusque dans les dernières ramifications de l'ordre social. Le mot de patrie cesse d'être une vaine abstraction; il représente à chaque citoyen non plus une idée vague ou une gloriole nationale, mais l'image vivante des sentimens et des intérêts de toute sa vie.

Ce rapprochement de l'aristocratie et de la démocratie qui nous frappe dans les institutions politiques de l'Angleterre, n'est pas moins remarquable dans ses usages et dans ses mœurs.

La régularité avec laquelle sont fixées toutes les préséances, depuis le Roi jusqu'au laboureur, nous paraît pédantesque, et non point sans raison; toutefois, considérée de plus près, on lui trouve l'avantage de tranquilliser les amours-propres en faisant pénétrer le droit jusque dans l'empire de la vanité. Dans les pays où les distinctions sociales sont arbitraires, c'est porter un jugement individuel que de donner à un homme la première place dans un salon, la droite ou la gauche dans un repas; c'est lui dire : J'ai plus de considération pour vous que pour votre voisin. En Angleterre, c'est purement reconnaître un fait établi. Un marquis de vingt ans a la préséance sur M. Pitt, premier ministre; le moindre baronnet, chasseur de renards, passe devant M. Wilberforce, sans qu'il entre jamais dans l'esprit de personne de s'enorgueillir ou de s'offenser d'un usage fixé par la loi.

Dans ce pays où tous les élémens bons et mauvais de l'ordre social se trouvent réunis en plus grande abondance que partout ailleurs, l'orgueil nobiliaire sans doute trouve aussi sa place. Ce ne sont pas seulement les prérogatives constitutionnelles que l'on recherche; les charges de cour, les armoiries, les écussons, les devises, tout le vieux cortége de la féodalité est conservé avec une importance quelquefois ridicule. On trouve des familles qui, fières de leur ancienneté et de leurs alliances, n'échangeraient pas la qualité de simple gentilhomme (*commoner*) contre des titres héréditaires, et qui croiraient presque déroger en acceptant la pairie. Il y a même un comté, celui de Chester, où les gentilshommes de la province se croient le droit de traiter en parvenus jusqu'à des lords, pour peu que leur origine soit plus récente que la leur. Mais ces petites anomalies, ces préjugés locaux ou cet orgueil de famille attirent peu l'attention du public, dont les regards et l'ambition se dirigent avant tout vers les distinctions honorifiques intimement liées à des fonctions utiles, ou à des garanties constitutionnelles; et les taches de la vanité de famille ou de coterie se perdent dans l'éclat de la dignité d'homme et de citoyen.

J'irai plus loin, et je ne serai démenti par aucune des personnes qui connaissent l'esprit de l'Angleterre. A côté de ce penchant marqué pour les distinctions de rang, il y a sur quelques points une plus grande absence de préjugés aristocratiques, une manière plus simple et plus vraie de considérer les différentes conditions sociales, que dans notre France même, quelque tamisée qu'elle ait été par la révolution. Qu'un artisan gagne une fortune indépendante par son industrie, qu'il s'établisse dans la propriété qu'il a acquise du fruit de ses épargnes, qu'il y vive en honnête homme, et montre quelque zèle et quelque intelligence pour les intérêts publics, bientôt il se voit considéré comme un *gentleman*, il est porté sur la liste des juges de paix, il se réunit aux *quarter sessions* avec les personnages les plus considérables de son comté, il entre en relation avec eux, il est admis à leur table, et reçoit avec simplicité des politesses qu'aucun ton de protection ne rend humiliantes. J'en connais maint exemple.

Mais, me direz-vous, les personnes dont vous me parlez ont quitté leur profession ; en serait-il de même si elles continuaient à l'exercer? Aucun préjugé ne les repousserait-il? aucun préjugé ne détournerait-il le fils d'une ancienne famille de gentilshommes d'adopter telle ou telle occupation lucrative? Je vous dirai non, sans hésiter, et je pourrais vous le prouver par plus d'un fait. Les fils cadets de lords entrent journellement dans le commerce, sans que l'idée de dérogeance se présente même à leur esprit. Le frère d'un homme qui serait distingué par sa naissance, s'il ne l'était mille fois plus par son talent, s'est fait marchand de vin, sans que ni sa famille, ni ses amis, ni le public, aient songé à le trouver étrange.

Un prince étranger assistait, il y a quelques années, à une séance du parlement; il entend un membre de l'opposition traiter les ministres avec une familiarité vigoureuse qui l'étonne et confond les habitudes compassées d'une cour despotique. « Quel est cet orateur? demande-t-il à son voisin. — C'est M. Whitbread. — M. Whitbread le brasseur? — Oui, sans doute. — Quoi! un brasseur traiter ainsi le ministre des affaires étrangères! — Et pourquoi pas? — Et ce brasseur est-il reçu dans le grand monde? Qui a-t-il épousé? — La sœur de lord Grey, une femme issue du sang royal d'Angleterre. — Est-il possible? — Très possible, monseigneur, et même si simple, que vous seul dans cette salle pouvez vous en étonner. » Cette conversation m'a été contée par un de ceux qui en ont été témoins.

Vous allez me dire que M. Whitbread n'était pas un brasseur comme un autre, que sa grande fortune, son talent, son caractère, lui avaient assigné un rang à part. Oui, sans doute. Qui songe à le nier? Je ne prétends pas qu'il suffise d'être brasseur pour s'allier à une famille entourée de tout l'éclat de la naissance, du talent et de la vertu. De pareilles idées ne sont que les rêves grossiers d'une ivresse démagogique. Ce qui importe à une société bien organisée, c'est que tous les genres d'illustration soient accessibles à tous les efforts honorables; c'est que tous les avantages que peuvent donner le rang, la fortune, le talent, soient sûrs d'être appréciés à leur juste valeur, sans s'exclure et sans se nuire réciproquement; c'est que si la part de l'imagination est faite dans le respect des anciens souvenirs, celle de la raison le soit aussi dans la considération acquise au mérite individuel.

J'évite, autant que possible, dans notre correspondance, de prononcer des noms propres. Les Anglais ont pour les éloges imprimés autant, peut-être plus, de répugnance que pour les critiques. Et, quoique leur sentiment, à cet égard, ne soit pas exempt d'orgueil, les bontés dont j'ai été honoré depuis long-temps en Angleterre, les habitudes de familiarité que j'y ai contractées, me font un devoir de le respecter. Toutefois, puisque nous avons parlé de M. Whitbread, quelques mots sur son fils serviront à vous donner l'idée du véritable état des esprits sur le sujet qui nous occupe.

M. Charles Whitbread, aujourd'hui membre du parlement pour le comté de Middlesex, est l'héritier de la fortune et de la considération dont jouissait son père. Élevé à Cambridge, il y a réclamé et obtenu les honneurs universitaires sans examen, comme issu du sang royal, du chef de sa mère. Pensez-vous qu'il se soit enorgueilli de ce privilége un peu bizarre? Nullement; c'est le plus simple et le plus modeste des hommes. Il n'a voulu que constater un droit fondé sur l'usage. Possesseur de capitaux immenses, lié de parenté et d'habitude avec les premières familles du royaume, croyez-vous qu'il songe à abandonner la brasserie qui a fait la fortune de son père, ou que son amour-propre s'attriste de voir son nom placardé sur l'enseigne de la moitié des cabarets de Londres et du midi de l'Angleterre? Non certes, et je ne lui fais pas l'injure de supposer qu'il mît en balance les plaisirs d'une vaniteuse oisiveté, et l'influence que lui donnent ses nombreuses relations avec des hommes de toutes les classes de la société.

On a vu souvent en France le manque de fortune conduire à des mariages disproportionnés, sous le rapport de la naissance. Mais lorsque l'héritière d'un ancien nom épousait un nouveau riche, lorsqu'un grand seigneur s'alliait à une famille de finance, par combien de propos insolens ou tout au moins de politesses dédaigneuses, n'avait-il pas soin de rappeler que l'état de sa fortune avait pu seul le déterminer à une telle union! Une plaisanterie si grossière que je suis honteux de la répéter, *fumer ses terres*, était presque devenue autrefois l'expression usitée pour désigner ces mariages où la naissance allait rechercher les jouissances du luxe, et offrir en échange celles de la vanité. Et aujourd'hui même que l'égalité s'est introduite dans nos mœurs comme dans nos lois, il est bien rare que les familles nobles, alliées à de riches roturiers, se refusent le plaisir d'insinuer que si la révolution n'avait pas bouleversé toutes les existences, elles n'eussent jamais descendu à de pareils mariages.

En Angleterre, on recherche sans doute avec empressement les alliances, les *connexions* comme on dit, qui peuvent donner soit du relief dans l'opinion, soit surtout des moyens de crédit et d'influence politique. On attache un grand prix à l'ancienneté des races et aux traditions aristocratiques; mais les différentes classes de la société, quoique plus distinctes en apparence, sont réellement unies par des liens plus intimes et forment un tout beaucoup plus compacte.

Que le fils d'un simple marchand, d'un artisan même se distingue dans les écoles publiques, qu'il développe des talens supérieurs au barreau, il peut s'élever sans obstacle au rang de chancelier d'Angleterre; il entre dans la Chambre des Pairs avec un titre héréditaire, dont l'éclat se transmettra à ses enfans, et servira de point de mire à tous les hommes qui, nés comme lui dans une situation inférieure, se sentiront animés d'une ambition généreuse. Une de ses sœurs épouse le descendant des Howard ou des Percy, et devient parente de toute la haute noblesse historique de l'Angleterre. Une autre, mariée plus jeune, a épousé un homme de sa propre classe, et ne sortira point de la bourgeoisie. Un de ses frères suit la carrière des armes, il parvient à la pairie par son courage, comme lui-même l'a obtenue par son savoir et son talent; il s'allie à l'héritière d'un grand nom et devient la souche d'une nouvelle race. Un troisième, moins heureux, reste dans la boutique de son père ou dans l'étude d'un procureur, sans que ces situations si diverses des membres d'une même famille soient pour personne un objet d'étonnement. Je ne fais point là de suppositions gratuites : quiconque a un peu étudié la constitution intérieure de l'Angleterre, sait comme moi que des combinaisons analogues ont existé et peuvent se reproduire.

Le goût des Anglais pour les titres et les distinctions aristocratiques est poussé jusqu'à la badauderie; on les voit se presser en foule pour regarder je ne sais quel prince étranger dont la fortune et l'importance politique n'égalent pas celles du moindre membre de la Chambre des Communes. Il y a dans le respect que les gens du peuple témoignent aux classes supérieures quelque chose de si empressé et de si soumis, qu'au premier abord ce respect peut paraître servile; mais en observant de plus près, on reconnaît bientôt que leurs égards pour le rang sont toujours unis, d'une part à une appréciation très juste et même très fine de la valeur réelle des personnes, de l'autre à un sentiment profond de leurs propres droits comme citoyens d'un pays libre.

Loin que la familiarité ou la rudesse envers les supérieurs soit une preuve d'indépendance ou de dignité de caractère, rien ne s'allie mieux avec une complaisance servile envers la force, et une soumission apathique à l'injustice. Le muletier andaloux fume son cigare avec le grand d'Espagne : est-ce que la philosophie ou la liberté les aient rendus égaux? Non certes, c'est que l'ignorance et le despotisme ont produit chez l'un des mœurs grossières, chez l'autre des sentimens et des habitudes ignobles.

La première condition pour obtenir des égards dans une classe quelconque en Angleterre, c'est d'être ce qu'on appelle un *gentleman*, expression qui n'a point de terme correspondant en français, et dont l'intelligence parfaite suppose à elle seule une assez longue habitude des mœurs anglaises. Le mot de gentilhomme s'applique exclusivement chez nous à la naissance, celui d'homme comme il faut aux manières et à la condition sociale; ceux de galant homme, d'homme de mérite à la conduite et au caractère. Un *gentleman* est l'homme qui réunit à quelques avantages de naissance, de fortune, de talent ou de situation, des qualités morales assorties à la place qu'il occupe dans la société, et des manières qui indiquent une éducation et des habitudes libérales. Le tact du peuple anglais à cet égard est d'une finesse remarquable, et l'éclat même du rang le plus élevé lui ferait rarement illusion. Qu'un homme de la plus haute naissance s'écarte par sa conduite ou seulement par ses manières, des convenances que lui impose sa situation, vous entendrez bientôt dire de lui, par des gens même de la dernière classe du peuple : *Though a lord he is not a gentleman* : quoique grand seigneur, ce n'est pas un gentilhomme.

Que ce grand seigneur commette la moindre injustice, qu'il manque à de certains égards envers l'homme qui ne l'abordait naguère qu'avec la plus humble soumission, et à l'instant vous verrez une rude fierté succéder à ce respect que l'on accorde au rang, mais que l'on refuse à l'arrogance. Le sentiment du droit est si fortement empreint dans les âmes anglaises, que toute considération humaine disparaît, dès que ce principe vital de la liberté et de la dignité sociale peut redouter la plus légère atteinte. Et dans ce pays si monarchique, l'éclat de la royauté même ne couvrirait pas la moindre infraction à ce que tous les citoyens considèrent comme leur patrimoine commun.

George III donna un jour l'ordre de faire condamner dans son propre parc de Richmond, une porte et un chemin qui servaient de passage aux piétons depuis plusieurs années. Un bourgeois de Richmond qui trouvait ce passage commode à lui-même et aux autres habitans de sa petite ville, prit fait et cause pour ses voisins; il prétendit que lors même que le passage eût été abusif dans l'origine, il était devenu, par le laps de temps, partie de la voie publique; que la prescription était acquise, et qu'il saurait bien forcer le Roi à rouvrir la porte de son parc. Il porta plainte, sans hésiter, devant les tribunaux, et gagna son procès. S'il prenait fantaisie à quelque gouverneur du Louvre ou des Tuileries de fermer au public des promenades ou des passages dont il a joui de tout temps, aurions-nous beaucoup de bourgeois de Paris qui portassent plainte et beaucoup de juges qui leur donnassent gain de cause?

J'ai vu à Londres la voiture d'un prince du sang saisie par ses créanciers au moment où il allait y monter pour se rendre à la cour. Croyez-vous que les individus dont je vous parle fussent des républicains moroses; des ennemis de la royauté ou de l'aristocratie? En aucune façon; c'étaient des sujets très soumis, des hommes tout aussi accessibles que d'autres au goût et au respect des priviléges du rang. Mais en même temps c'étaient des citoyens anglais qui connaissaient leurs droits, et voulaient les faire valoir.

J'ai cherché inutilement en Angleterre, dans toutes les classes que j'ai pu observer, un sentiment qui n'est que trop commun parmi nous, cette passion d'égalité qui dégénère en humeur jalouse contre tous les genres de supériorité sociale; humeur dont les avantages fortuits de la naissance ou de la fortune ne sont pas toujours l'unique objet, mais qui attaque quelquefois jusqu'aux prérogatives naturelles du talent. Si un sentiment de cette nature existait quelque part en Angleterre, ce serait tout au plus chez quelques hommes de lettres ou quelques journalistes du second ordre. Mais, dans cette classe même, il est bien rare que la violence de la polémique trahisse l'envie contre l'inégalité des positions sociales, ou la passion haineuse du nivellement.

Si je ne vous parle point ici des radicaux,

c'est que nous aurons plus tard l'occasion de nous en entretenir; je vous dirai pourtant en passant, que bien que la conséquence rigoureuse de leurs principes soit un bouleversement complet des rangs et des propriétés, la majorité d'entre eux n'en est pas moins de bonne foi aujourd'hui, en croyant que ses désirs se bornent à une simple réforme politique.

Cette absence de jalousie des classes supérieures est d'autant plus remarquable, que la disparité des fortunes et des conditions est poussée à un plus haut point. Je connais tel gentilhomme anglais dont la demeure est entourée de plus de dix mille arpens uniquement consacrés aux plaisirs de la chasse ou de la promenade; tel autre qui pourrait faire dans son parc une coupe de bois de plus d'un million, sans que ses ombrages parussent moins pittoresques. A plusieurs milles à la ronde, il n'y a pas une famille qui ne dépende d'eux, pas une maison qui soit la propriété de celui qui l'occupe, pas un jardin qui ne soit une concession temporaire faite à celui qui le cultive. Et au milieu d'un état si artificiel de la société, personne ne murmure, personne ne nourrit dans son sein le désir d'abattre le colosse et de se partager ses dépouilles. Qu'il en soit ainsi en Russie, où le seigneur apparaît à ses esclaves comme une espèce de demi-dieu sur la terre, cela se conçoit; mais ce calme respect de supériorités si exorbitantes, uni à un sentiment énergique de liberté et à un désir actif d'améliorer sa propre condition, c'est là le miracle de l'ordre social.

Toutefois l'égalité fait des progrès en Angleterre comme dans le reste du monde. C'est, grâce au ciel, la tendance nécessaire de notre siècle, tendance qui entraîne à leur insu ceux même qui ont la vaine prétention de la combattre. Mais l'Angleterre a cet immense avantage que c'est par l'élévation des rangs inférieurs et non par l'abaissement des rangs élevés que les inégalités se rapprochent. Le peuple ne conteste à l'aristocratie ni ses prérogatives, ni ses richesses; il est trop fier pour réclamer autre chose qu'une libre carrière, certain que le talent et l'énergie sauront bien lui frayer une route jusqu'à des honneurs accessibles pour tous.

Que l'équilibre soit à désirer entre les différens élémens de l'ordre social, comme entre les différentes facultés de l'homme, c'est ce qui n'est point contestable. Je ne crois pas contestable non plus que le principe aristocratique a une trop grande prépondérance en Angleterre, et que la marche naturelle du genre humain vers l'égalité n'y est pas assez rapide; mais l'art du législateur comme celui du médecin consiste à rétablir l'équilibre en fortifiant les organes faibles sans étouffer les organes forts; et c'est là, du moins je le pense, ce que nous verrons s'accomplir en Angleterre. La diffusion des lumières dans toutes les classes, les progrès inouïs de l'industrie et du talent tendent à y augmenter l'action du principe démocratique avec bien plus de force que la politique de tel ministre, ou les intrigues de tel parti ne sauraient tendre à fortifier le principe contraire. Mais ce développement s'opère sans secousses. De jour en jour les classes laborieuses se rapprochent des classes moyennes, et celles-ci des rangs élevés de la société, sans que l'aristocratie puisse se plaindre d'être dépouillée d'aucun des avantages que lui a légués la tradition du passé.

LETTRE VIII.

MOYENS DE PUBLICITÉ. — JOURNAUX.

De tous les moyens de publicité, aucun ne contribue plus que les journaux à cette diffusion générale des lumières moyennes dont je vous parlais dans une de mes premières lettres, comme du caractère distinctif de l'Angleterre.

La presse périodique est par tout pays un des résultats les plus importans de la civilisation moderne; mais nulle part elle ne constitue un élément aussi essentiel de l'organisation sociale que chez les Anglais, et chez les Américains, dont les mœurs ont à cet égard une parfaite analogie avec celles des Anglais. Ailleurs, les journaux sont une arme puissante dont le pouvoir ou les partis se saisissent tour à tour; en Angleterre et aux États-Unis, ils sont l'agent, l'intermédiaire indispensable de toutes les relations des hommes entre eux. Il y a peu de villages d'Angleterre où la lecture d'un journal ne soit devenue un objet de première nécessité; et, en Amérique, m'a-t-on assuré, on voit jusqu'à des domestiques en faire une des conditions de leur engagement.

Le cercle des lecteurs est incomparablement

plus étendu en Angleterre que chez nous. On y compte environ mille cabinets de lecture (*circulating libraries*), et plus de trois cents associations pour acheter des livres en commun (*book clubs*); ingénieuse institution qui me paraît de nature à pouvoir utilement s'introduire en France. Un certain nombre de personnes se réunissent dans le but d'acheter en commun des livres dont le prix dépasse les facultés pécuniaires de chacune en particulier. Les livres circulent parmi les membres de l'association, et à la fin de l'année ils sont vendus ou partagés. En sorte que si un pareil club se compose de vingt membres, chacun d'eux jouit d'un nombre de livres dont la valeur représente vingt fois celle de sa souscription.

D'un autre côté, les sociétés philanthropiques et religieuses ont tellement multiplié les ouvrages élémentaires et les livres de piété, que, malgré le prix élevé de toutes choses en Angleterre, nulle part ces livres ne se vendent à si bon marché, et ne sont mis à la portée d'un aussi grand nombre de lecteurs.

Les journaux politiques ont quadruplé depuis quarante ans en Angleterre : leur nombre s'élevait, en 1782, à soixante-dix-neuf; et, en 1821, un rapport fait à la Chambre des Communes les porte à deux cent quatre-vingt-quatre. A l'exception de l'*Observer*, qui ne paraît qu'une fois par semaine, aucune de ces feuilles, beaucoup plus chères que celles qui se publient en France, n'a autant d'abonnés que le *Constitutionnel* ou le *Journal des Débats* ; le *Times* même, aujourd'hui le plus considérable des journaux quotidiens de l'Angleterre (1), ne se tire guère qu'à huit ou dix mille exemplaires; mais chaque numéro passe par beaucoup plus de mains.

Le style des journalistes s'en ressent quelquefois. Ayant à satisfaire au goût du très grand nombre de lecteurs qu'ils comptent dans les classes inférieures de la société, ils sont obligés de recourir à des tournures dont la familiarité énergique dégénère de temps à autre en grossièreté. « Lorsque je me suis mis à la tête du
« *North-Briton*, disait le fameux Wilkes, ce
« journal avait pour rédacteurs deux hommes,
« M. Churchill et M. Lloyd, dont l'un était un
« bel esprit et l'autre un poète. J'ai bientôt vu
« que cela ne pouvait pas aller ainsi. J'en ai fini
« de leurs belles manières, et je me suis mis à
« crier de toutes mes forces : à l'Écossais, à
« l'Écossais, à l'Écossais. Si bien que j'ai renversé
« lord Bute. » En effet la plus grande force des

---

(1) Le *Times*, m'a-t-on dit, a payé, dans une seule année, 46,000 liv. sterl. (1,150,000 fr.) de droits de timbre.

journaux est dans la répétition fréquente d'images simples, et de raisonnemens à la portée de toutes les intelligences.

Cette force est immense en Angleterre ; la puissance des journalistes y va croissant de jour en jour, elle devient d'autant plus redoutable que les écrivains de cette classe sont généralement mécontens de leur position sociale. En effet il n'y a pas de proportion entre la considération dont ils jouissent, et le pouvoir réel qu'ils exercent, soit par leur talent, soit par l'arme terrible dont ils disposent ; pouvoir que l'esprit de corps a doublé dans ces derniers temps, car, opposés comme hommes de parti, ils sont unis comme journalistes ; et, dès que l'un d'entre eux est attaqué en cette qualité, tous ses collègues, quelle que soit leur opinion, l'entourent d'une phalange impénétrable. En Amérique, la puissance des journaux est plus formidable encore, et la terreur qu'ils inspirent détourne quelquefois de la carrière publique des hommes qui, bien qu'ardens pour la cause de la liberté, redoutent pour eux-mêmes, ou pour leurs proches, le torrent des invectives du parti opposé au leur.

L'esprit français est peut-être plus propre qu'aucun autre à la rédaction des journaux, genre de littérature qui exige avant tout de la promptitude d'aperçus, une répartie vive, des résumés clairs et rapides. Quelque passagers qu'aient été les momens de liberté dont ont joui nos journalistes, quelque vicieuse que soit notre législation actuelle, des talens fort remarquables se sont déjà développés dans cette classe d'écrivains. J'ouvre rarement une de nos feuilles périodiques sans être frappé de l'élégance de style et de la sagacité de raisonnement qui se font remarquer dans un grand nombre d'articles ; et j'ai vu cette opinion partagée par des Anglais qui, peu instruits des progrès que la France a faits en ce genre, ne pouvaient se défendre de laisser apercevoir une surprise légèrement dédaigneuse.

Mais nous n'en sommes pas moins dans un faux système en fait de journaux : nous avons introduit la division du travail là où elle est non seulement inutile, mais nuisible. Nous séparons les journaux politiques et littéraires des annonces commerciales, judiciaires et administratives, et des recueils périodiques de jurisprudence. Et comme fort peu de personnes sont en état de s'abonner simultanément à ces divers genres de publications, qui toutes intéressent pourtant d'une manière plus ou moins directe l'universalité des citoyens, il résulte de là que chaque classe de lecteurs demeure étrangère aux questions qui ne sont pas dans le cercle immédiat de ses affaires ou de ses goûts, et que la publicité n'est jamais que partielle sur chacune de ces questions. Le fabricant de province n'est point instruit, ou n'est instruit que fort tard des progrès que fait l'industrie, soit à Paris, soit sur tout autre point de la France; le capitaliste de Paris ignore quel emploi les départemens pourraient offrir à ses fonds. Les arrêts de nos vingt-six cours royales demeurent un mystère pour tout autre que les habitués du palais, tandis qu'une publicité plus large préviendrait peut-être tel jugement en opposition avec un arrêt précédent de la même cour, telle décision contraire au sens commun, ou détournerait les plaideurs d'entreprendre des procès dont ils auraient à rougir au grand jour de l'opinion.

Les journaux quotidiens, dont la première affaire est aujourd'hui de flatter les passions de leur parti, ou d'amuser les oisifs, acquerraient un caractère plus sérieux et plus utile, lorsqu'ils deviendraient les dépositaires d'un si grand nombre de faits, et qu'ils seraient obligés de se mettre en garde contre les démentis que ces faits mêmes pourraient donner à leurs assertions.

Un journal anglais est une espèce de microcosme, où est représentée l'universalité des circonstances qui intéressent la communauté. On y voit chaque jour les discussions du parlement, les plaidoiries des avocats et les décisions des tribunaux fidèlement rapportées, non pas seulement, comme chez nous, dans quelques procès qui peuvent piquer la curiosité, ou servir les vues d'un parti, mais dans toutes les causes civiles et criminelles. Les instructions judiciaires et les affaires de simple police sont comprises dans la même publicité. Quelque fortement prononcées que soient les différences d'opinion dans ce pays, quelque violente qu'y soit la polémique, le respect des faits est poussé trop loin pour qu'un journaliste se permette de les altérer. Jamais, ou presque jamais il n'arrive que la même séance du parlement, le même procès présente un aspect entièrement différent, suivant qu'on en lit le résumé dans telle ou telle feuille périodique. La première pensée des adversaires est de fixer loyalement le terrain du combat.

Les discours prononcés dans les assemblées de comté, dans les réunions de tout genre, religieuses, philanthropiques, politiques ou commerciales, les séances de la compagnie des Indes, celles du conseil de la Cité et des autres corporations de quelque importance, tout se publie dans les journaux. C'est par la voie des journaux que le gouvernement fait connaître les conditions de ses marchés ; que le candidat au parlement recherche les votes des électeurs, et remercie ses partisans de leurs efforts ; que les rivaux, dans tous les genres de concours, font valoir leurs titres, et sollicitent les suffrages. La naissance, le mariage, la mort des personnes de quelque importance, leur arrivée ou leur départ, la société qu'elles ont réunie chez elles, les moindres circonstances de leur vie, tout se sait, tout s'imprime. Il semble que la Grande-Bretagne entière soit la maison de verre du philosophe romain.

De là naît une hardiesse, une franchise dans tous les rapports, qui est inconnue sur le continent. Les esprits ont besoin de publicité, comme les corps d'exercice en plein air, et chacun est tellement fait à ce régime, que les hommes même les plus susceptibles sur le point d'honneur, n'imagineraient pas de s'offenser des plaisanteries dont telle ou telle action, tel ou tel propos pourraient être l'objet dans les gazettes. Il y a, sous ce rapport, entre les citoyens d'un pays libre et ceux qui ont contracté les habitudes étroites que donne le despotisme, la même différence qu'entre les athlètes endurcis aux exercices du gymnase et ces hommes élevés à l'ombre (σκιοτροφοι), dont la Grèce, aux beaux temps de sa gloire, parlait avec tant de mépris.

Peut-être faut-il excepter de cette observation les coryphées de la mode et des futilités aristocratiques. Les salons se ressemblent dans le monde entier; et, de toutes les passions, la plus uniforme est la vanité. Les gens de cette sorte sont fort partagés dans leurs vœux sur la liberté de la presse. Si, d'une part, ils sont flattés de ce que la curiosité semble s'attacher à tous leurs mouvemens, de ce qu'on publie chaque jour les noms et les titres des hommes qui ont dîné chez eux, la toilette de leurs femmes et de leurs filles à un bal ou à un lever, le nombre des pièces de gibier qu'ils ont tuées à la chasse, et je ne sais combien de minuties pareilles; de l'autre, leur susceptibilité délicate redoute les rudes attouchemens des journaux. Il est même probable que, dans ce conflit de deux vanités, la liberté de la presse aurait le dessous, si les habitudes du citoyen ne l'emportaient heureusement sur les faiblesses de l'homme du monde.

Quant à l'aristocratie de cour, considérée comme parti politique, un grand changement s'est opéré depuis quelques années dans son système, si ce n'est dans ses sentimens. Autrefois elle était décidément contraire à la liberté de la presse; aujourd'hui elle trouve plus profitable de la faire tourner à ses fins, et de lancer des journalistes à ses gages contre les amis de la liberté, tandis qu'en même temps elle fait harceler de poursuites judiciaires les écrivains d'une opinion opposée à la sienne. L'aristocratie anglaise n'est pas la seule qui ait fait cette belle découverte; et, sous ce rapport, d'autres pays sont tout-à-fait au niveau de la Grande-Bretagne.

Je dois pourtant le dire à notre honneur, nous n'avons rien de comparable en violence et en bassesse à un journal tel que le *John Bull;* et c'est un phénomène inexplicable pour moi que l'opinion publique n'ait pas dès long-temps fait une plus exemplaire justice des ignobles calomnies que ce journal déverse à plaisir sur les meilleurs citoyens de l'Angleterre.

La liberté de la presse a échappé récemment à un des plus grands périls qui l'aient jamais menacée. Une société s'était formée à Londres, sous le nom indignement usurpé d'*Association constitutionnelle,* dans le but de faire poursuivre, à frais communs, tous les écrits qu'on se plaisait à qualifier de libelles contre la religion et contre l'État. Vous concevez aisément ce qui faisait le danger d'une pareille institution; c'est que soustraite par l'anonyme au frein de l'opinion publique, elle poursuivait sans crainte des écrits que les avocats de la couronne auraient eu honte d'attaquer à visage découvert, et sapait ainsi, par sa base, la liberté des journaux dont la pudeur publique est une des plus sûres garanties. Mais la liberté est comme ces plantes vivaces dont la végétation puissante étouffe les mauvaises herbes qui sembleraient devoir arrêter leur croissance : l'*Association constitutionnelle* n'a pu tenir contre la droiture du sens moral des Anglais; le jury en a fait justice, elle est tombée dans le mépris, et sera bientôt oubliée.

LETTRE IX.

JOURNAUX. — SUITE DE LA PRÉCÉDENTE.

Je m'étonnais avec vous, dans une de mes premières lettres, que quelques uns de nos publicistes eussent pu concevoir l'idée d'interdire à la presse toute mention des circonstances de la vie privée, et de refuser à l'écrivain inculpé la faculté d'offrir la preuve de la vérité des faits. Rien ne montre mieux le vice d'une pareille idée que l'état de la législation anglaise à cet égard, et les habitudes qui en sont nées.

La loi sur la diffamation est si vague et si sévère à la fois en Angleterre, que Bentham définissait plaisamment le libelle : « Quelque chose « que ce soit, qui déplaise à qui que ce soit, « pour quelque raison que ce soit. » (*any thing, which any body, for any reason dislikes.*)

Rien jusqu'ici qui ne doive satisfaire ceux dont je suis obligé de combattre le système. La loi anglaise va même au-delà de leurs désirs; elle devine en quelque sorte leurs plus secrètes pensées.

Ce n'est pas tout, elle offre à celui qui se croit blessé deux manières d'obtenir réparation. Il peut intenter une action civile ou une poursuite criminelle. Dans ce dernier cas, comme le délit consiste, aux yeux de la loi, non point à avoir diffamé tel individu, mais à avoir troublé la paix; et comme la paix peut être troublée par une allégation fondée aussi-bien que par une calomnie, l'écrivain inculpé n'est point admis à faire la preuve de la vérité des faits.

Au contraire, dans le cas de l'action civile, qui se résout en dommages et intérêts, il faut que le plaignant établisse qu'il a souffert un dommage dans sa personne ou dans sa réputation ; et de là résulte, pour le défendeur, le droit de plaider la vérité des faits qu'il a allégués. C'est ce qu'on appelle plaider une *justification*. Dans ce cas, la preuve de la vérité des faits donne gain de cause au défendeur, qui est admis à l'établir par témoins : et ici s'applique cette maxime de la loi anglaise, qui veut que tout plaideur se présente devant la cour *les mains nettes* qu'il vienne *rectus in curia*, selon l'expression technique.

Chacun est libre de choisir entre ces deux manières d'obtenir justice. Il semblerait donc naturel de supposer que dans tous les cas, mais surtout lorsque la diffamation porte sur des circonstances de la vie privée, on donnât la préférence à la poursuite criminelle qui n'expose point le plaignant au désagrément de voir sa conduite examinée, commentée, souvent même persiflée en public par l'avocat du défendeur.

Point du tout, c'est presque constamment à l'action civile que l'on a recours; et la raison en est fort simple. Du fait seul que l'on opterait pour le genre de poursuite qui interdit la preuve de la vérité des faits, il résulterait, dans l'esprit des jurés et du public une prévention défavorable à la plainte. Il faut que l'allégation soit motivée, se dirait chacun, puisqu'on ne veut pas consentir à ce qu'elle subisse l'épreuve de la discussion; et le plaignant, lors même qu'il obtiendrait gain de cause, verrait sa réputation plus ternie par le procès que par la diffamation même. (1)

Il est loin de ma pensée de trouver bon que

---

(1) Dans des circonstances importantes, soit par la nature du libelle, soit surtout par la condition sociale de celui qui en est l'objet, il arrive quelquefois que l'on s'adresse à la cour du banc du Roi pour en obtenir une poursuite criminelle, par voie d'*information*. Il faut alors que le plaignant commence par nier, sous serment, la vérité des faits allégués contre lui. Mais, d'autre part, le défendeur est admis à les affirmer; et en général, la cour accorde l'*information*, sans peser exactement les assertions contradictoires, à moins pourtant que la vérité du fait ne lui paraisse incontestable.

la vérité des faits donne, de plein droit, gain de cause à celui qui en fait la preuve. C'est accorder un privilége à la diffamation qui se fonde sur des circonstances réelles, diffamation quelquefois plus dangereuse et plus immorale que la calomnie même. Mais plus cette critique est fondée, plus la préférence donnée à l'action civile sur la poursuite criminelle devient remarquable.

J'insiste sur cette réponse pratique au faux système que je vous ai signalé; système qui, en prétendant soustraire la grande masse des citoyens au contrôle de l'opinion publique, dont les fonctionnaires seraient seuls justiciables, encouragerait chez nous cette timidité d'esprit et de mœurs qui oppose à l'établissement de la liberté un obstacle bien plus dangereux que la malveillance ou l'ignorance des dépositaires du pouvoir.

Il est à observer d'ailleurs que cette distinction entre la vie publique et la vie privée, si fortement marquée là où ceux qui n'occupent point de place à la nomination du gouvernement sont déshérités de tout droit, ou du moins privés de toute occupation politique, se perd en nuances insensibles dans les heureux pays où chaque citoyen s'associe de mille manières à la gestion des intérêts de la communauté. On peut même dire qu'il n'y a pas d'Anglais qui ne doive se considérer comme un homme public. Aucun genre de vie, depuis le plus grave jusqu'au plus frivole, depuis le plus solitaire jusqu'au plus mondain, ne peut le soustraire à l'empire de l'opinion et à l'œil perçant des journalistes. Est-ce un propriétaire retiré à la campagne, au sein de sa famille; quelque étranger qu'il veuille rester à la politique générale, il ne pourra refuser de s'occuper de l'administration de sa paroisse ou de son comté; il sera membre de quelque association agricole ou industrielle; il prendra part à quelque réunion philanthropique; dès-lors ses voisins, ses collègues auront droit à juger sa conduite, et ce jugement sera recueilli dans les journaux. Est-ce un homme à la mode, ne courant qu'après les plaisirs frivoles; il sera commissaire d'un bal, arbitre d'un pari, juge d'une course de chevaux; par cela seul il devient justiciable du public, qui a été témoin de ces divertissemens; il ne peut échapper à l'omniprésence de la presse; et si la vanité de l'homme du monde a quelquefois à en souffrir, la conscience du citoyen s'en épure et s'en affermit.

La publication d'un journal, en Angleterre, est une entreprise qui exige de grands capitaux et une activité dont presque aucun autre genre de spéculation ne peut donner l'idée. La promptitude avec laquelle s'impriment les comptes rendus des séances des assemblées publiques, confond l'imagination. Tel discours de Brougham, de Mackintosh ou de Canning, à peine prononcé à six heures après midi, a été lu de toute la ville de Londres avant dix heures du soir; et l'on peut dire presque littéralement qu'un membre du parlement adresse la parole à la nation entière.

Il m'est arrivé maintes fois de rester à la Chambre des Communes jusqu'à deux ou trois heures de la nuit, et de recevoir le lendemain à mon réveil le résumé fidèle et détaillé d'une discussion qui avait duré plus de huit heures. J'ai été témoin d'un fait encore plus extraordinaire : j'avais assisté, pendant toute une matinée, à une assemblée de comté qui se tenait à quinze lieues de Londres; je revins en poste à la ville, et, à mon retour, je trouvai déjà publié, dans un journal du soir, le récit de la séance et l'extrait des discours que je venais d'entendre. Des tachygraphes debout, en plein air, pressés de tous côtés par une foule tumultueuse, avaient pris des notes au crayon, sur des feuilles volantes, que des messagers tout prêts à les recevoir s'étaient hâtés de porter à Londres, à mesure que la page était remplie.

Les éditeurs de journaux n'épargnent aucune

peine ni aucune dépense pour se procurer les nouvelles avec la plus grande promptitude possible. Survient-il quelque événement imprévu après la distribution du journal; on en imprime une seconde, une troisième, et jusqu'à une quatrième et une cinquième édition, que des colporteurs, armés de grands cornets de fer-blanc, se hâtent de crier dans toutes les rues de la capitale. L'application de la machine à vapeur aux presses d'imprimerie permet de donner au tirage une rapidité dont n'approchent pas nos meilleurs ateliers de typographie, et la promptitude inouïe des communications accroît encore la puissance de l'action des journaux. Trente heures après la clôture d'une discussion du parlement, le compte rendu en est publié dans la ville d'York, à quatre-vingts lieues de Londres. Lors du fameux procès de Hunt, à Manchester, l'analyse des débats judiciaires paraissait dans les papiers de Londres, avant même que les lettres de Manchester fussent distribuées. Le *Times* seul avait trois estafettes sur la route.

L'extrême rapidité de tous les mouvemens de la machine sociale est un des traits les plus saillans de l'Angleterre, et l'un de ceux qui frappent d'étonnement les étrangers, soit qu'ils l'observent dans le monde matériel ou dans l'ordre politique. Les chevaux fendent l'air; les ordres s'exécutent en un instant; les affaires les plus considérables se traitent en quelques lignes ou en quelques mots; à peine une question d'intérêt public est-elle discutée, qu'une autre question non moins importante lui succède; il semble que la civilisation marche au galop. Et cependant tout se fait sans bruit et sans apparat; chacun a sa place si bien marquée, sa route si clairement tracée devant lui, que l'on évite tous ces tâtonnemens, toutes ces oscillations qui absorbent tant de temps et tant de forces dans les pays moins bien organisés.

En fait de nouvelles politiques, la publicité est tellement de droit commun, qu'un ministre envoie souvent aux journaux celles qui lui parviennent, avant même qu'il les ait communiquées à ses collègues. Il m'est arrivé par hasard de me trouver dans les bureaux de Downing-Street, au moment où un diplomate récemment débarqué en Angleterre, et encore tout frais émoulu de l'école de Ratisbonne, venait demander à lord Castlereagh, s'il n'avait point reçu de nouvelles. « Comment, lui répondit le ministre, des nouvelles ! Oui, sans doute, et de très importantes; tenez, voici la seconde édition du *Courier* qui paraît à l'instant; lisez-la, vous en saurez autant que moi. » Je n'oublierai de ma vie la figure de ce diplomate stupéfait d'une manière si simple de faire connaître ce qui doit être connu de tous. Quoi! semblait dire sa physionomie, pas une note, pas un office, pas un mémorandum, rien qu'un journal à envoyer à ma cour! je n'aurai ni la dignité des réticences, ni les plaisirs de l'indiscrétion.

Il n'y a pas de pays en Europe où le métier d'ambassadeur soit plus simple qu'en Angleterre, et où toutes les finesses, toute l'habileté prétendue de la diplomatie soient plus en pure perte. Tout ce qu'un étranger peut savoir, il l'apprend en lisant avec attention les journaux des partis opposés; et quant aux faits ou aux projets qu'il importe au gouvernement de tenir cachés, nulle question, nulle intrigue, nul espionnage ne saurait les découvrir. Le très petit nombre des employés des ministères rend les indiscrétions comme impossibles; et il y a tel secret de cabinet qui se transmet d'une administration à l'administration la plus opposée d'opinions et de système, sans que ni les jalousies de parti, ni la vivacité des débats parlementaires le trahisse jamais.

Plus on fait une large part à la publicité, plus est impénétrable ce qu'on croit devoir lui soustraire. Ceci ne s'applique pas seulement aux questions politiques, mais à toutes les circonstances de la vie.

La limite entre ce qui est soumis à la discussion et les points qu'il lui est interdit d'aborder est tracée par l'opinion avec une finesse qui peut paraître subtile au premier abord, mais dont on est pourtant forcé de reconnaître la justesse. Tel homme souffrira patiemment que ses actions les plus simples, ses moindres paroles soient censurées avec amertume, attaquées avec violence, ou même impitoyablement persiflées, qui s'offensera du plus léger soupçon sur la sincérité de ses intentions, de la révélation du fait le moins important ou le moins fâcheux à divulguer, si la connaissance en est acquise par une indiscrétion. C'est que, dans le premier cas, on n'attaque que sa conduite, et que la conduite d'un homme, même dans la vie privée, est plus ou moins du domaine de la communauté; tandis que, dans le second cas, on pénètre dans le for de la conscience, ou dans le sanctuaire de l'amitié. L'opinion, à cet égard, est d'une équité parfaite, et les plaintes de l'homme qui se sentirait ainsi offensé seraient vivement appuyées par ceux-là même qui auraient envers lui la disposition la moins bienveillante.

Les rapports d'homme à homme sont souvent rudes en Angleterre, mais ils sont toujours justes; et le sentiment du droit est un caractère commun à toutes les classes et à toutes les opinions. C'est la qualité native, c'est, pour ainsi dire, l'instinct de tout Anglais.

L'insertion des annonces commerciales forme une part considérable du produit d'un journal anglais. Pour le *Times* seul, cette branche de revenu s'élève, m'a-t-on dit, à plus de 30,000 liv. sterl. (750,000 fr.). L'avantage de la publicité la plus étendue est si bien apprécié du négociant, du marchand, du manufacturier, de quiconque cherche à vendre les produits de son industrie, ou à fixer l'attention sur une entreprise nouvelle, que rien n'est épargné pour atteindre à ce but. On m'a cité l'exemple d'un libraire qui, dans une seule année, a dépensé 5,500 liv. sterl. (138,000 fr.) en annonces dans les journaux. Ces insertions si fréquentes dans les feuilles publiques ne satisfont pas encore l'activité de l'intérêt mercantile; il n'est sorte d'invention à laquelle on n'ait recours pour attirer la foule des chalands. Celui-ci fait placarder son nom et son adresse en caractères gigantesques, sur tous les murs, depuis Douvres jusqu'à l'extrémité de l'Écosse; tel autre, non content de ces affiches à poste fixe, emploie constamment des hommes de peine, affiches mobiles et vivantes, dont l'unique besogne est de parcourir les rues les plus populeuses des grandes villes, l'épaule chargée d'un immense écriteau.

Les Anglais, si simples dans leurs mœurs, si taciturnes et si mesurés dans leur langage, ont recours, dans ces occasions, à un flux de louanges ampoulées qui ne déparerait pas l'éloquence d'un charlatan, sur la place de Naples. Cette industrie est si généralement usitée qu'elle a même reçu un nom particulier, *the art of puffing*, l'art d'enfler, de faire valoir ce qu'on annonce. Mais à peine un marchand ou un fabricant a-t-il acquis de la réputation, que le caractère national reparaît. Le sentiment de sa propre dignité, l'orgueil, si l'on veut, remplace tout cet échafaudage; son nom, écrit sur sa porte en petits caractères, lui paraît une recommandation suffisante; et, après avoir fait longtemps des avances au public, sûr désormais de sa fortune, il attend fièrement que le public vienne à lui. Le charlatanisme du début n'était qu'un calcul réfléchi, qu'une des conditions nécessaires au succès d'une spéculation bien combinée.

J'ai peur que mes lettres ne vous paraissent par trop désultoires, et que vous ne m'accusiez d'un manque absolu d'ordre et de méthode; la paresse est peut-être l'unique cause de ce défaut, et je m'abandonne à votre critique, ou me recommande à votre indulgence. Mais ce n'est pourtant pas sans motif que je suis le fil de mes souvenirs, sans prétendre à une marche plus philosophique. L'Angleterre offre, il est vrai, de grandes masses que l'œil de l'observateur peut saisir; mais, pour les embrasser d'un regard, il faut se placer à distance. Quand on approche, quand on veut pénétrer dans le pays même, et c'est là le but de notre correspondance, on se trouve au milieu d'une foule de bizarreries, de contrastes, d'anomalies de tout genre dont il faut suivre les sinuosités. C'est ainsi qu'en regardant de près le tableau d'un grand maître dont on veut étudier le style, les groupes qui, d'un certain point de vue, formaient l'ensemble le plus harmonieux, ne paraissent plus qu'un mélange de couleurs bizarrement heurtées.

Quelque variété d'objets qu'embrassent les papiers publics en Angleterre, la littérature en est presque entièrement bannie, et, selon moi, ce n'est pas sans motif. Pressée par l'espace et par le temps, dans les feuilles fugitives d'un journal quotidien, la critique littéraire est habituellement frivole et superficielle: c'est à la vanité ou au désœuvrement qu'elle s'adresse; donner ou recevoir un applaudissement est le seul triomphe qu'elle ambitionne. Que si parfois elle devient plus grave, si elle veut pénétrer dans les profondeurs de la pensée, elle paraît pédante et guindée, elle semble hors de sa place; on croit voir un professeur s'égarant en trop joyeuse compagnie. Des faits, avant tout des faits, et le petit nombre de réflexions qui en sont la conséquence immédiate, voilà ce que le public anglais demande avec raison aux journalistes. C'est dans des recueils plus étendus, et qui paraissent à de plus longs intervalles, qu'il va s'instruire des progrès de la littérature et de la philosophie.

Ces recueils, dont la *Revue d'Edimbourg* a été le premier, ont opéré une sorte de révolution dans le monde intellectuel. Jusqu'alors les journaux littéraires n'avaient été que des annonces de librairie, où chaque éditeur faisait prôner à son gré les ouvrages sortis de ses presses. La *Revue d'Edimbourg* a commencé une ère nouvelle : des savans, des penseurs, des hommes d'État du premier ordre, se sont réunis, non plus seulement pour rendre compte de tel ou tel livre, mais pour faire triompher un certain ordre de principes et d'idées. Leur talent et leur persévérance ont été couronnés du succès; ils ont eu des imitateurs et des émules, et aujourd'hui les revues sont devenues une véritable puissance intellectuelle et politique.

Je n'abuserai pas de votre temps en vous parlant de ces divers recueils, que vous connaissez comme moi; je ne m'arrêterai pas même à ceux que l'on peut regarder comme les organes des trois grands partis qui se divisent l'Angleterre (1). J'appellerai seulement votre attention sur un trait qui leur est commun; c'est que, tout en rendant compte des principaux ouvrages qui paraissent, ils s'attachent moins à en faire l'analyse et à les juger isolément qu'à réunir dans un même point de vue toutes les publications analogues, et à résumer avec force les questions qui y sont traitées. En effet, c'est là ce qui importe vraiment au public; c'est ainsi que se forme et s'accroît chaque jour cette masse homogène de notions justes et positives, que l'on ne peut trop signaler comme un des caractères les plus essentiels de l'Angleterre.

---

(1) Edinburgh Review, Quarterly Review, Westminster Review.

LETTRE X.

DES RÉUNIONS PUBLIQUES.

Un homme d'esprit disait : Le langage du despotisme, c'est : mêlez-vous de ce qui vous regarde; celui de la liberté, c'est : mêlez-vous de ce qui ne vous regarde pas. Il énonçait une grande vérité sous cette forme épigrammatique.

Le travail constant du despotisme est d'isoler toutes les existences, de faire deux parts de l'espèce humaine, dont l'une jouisse paresseusement des plaisirs d'un pouvoir sans contrôle, et dont l'autre, vouée pour jamais à des occupations toutes spéciales, trace, comme le bœuf, son uniforme sillon. Dans un pays libre, au contraire, rien de ce qui touche un ordre quelconque de citoyens ne peut rester étranger aux autres membres de la communauté. Il n'est pas d'Anglais, dans quelque humble rang que le sort l'ait fait naître, qui ne puisse croire à juste titre que son opinion est de quelque chose dans la direction des affaires de son pays; et réciproquement, il n'est pas d'individu placé assez haut, pour que sa conduite journalière ne puisse être soumise à l'examen et au jugement du public.

Chez nous, la publicité est considérée comme une ressource extrême, comme une *ultima ratio populi*, à laquelle on n'a recours qu'en désespoir de cause, et après avoir épuisé toutes les autres manières d'arriver à son but. S'occupe-t-on d'une entreprise d'intérêt public ou privé, c'est toujours sur les dispositions de l'autorité que l'on fonde ses espérances de succès; c'est dans le cabinet du ministre, c'est dans le salon de l'homme en crédit que se traitent les affaires. Tant qu'il reste une chance de réussir par la voie de la faveur, il semble qu'il y aurait de la rudesse ou de l'indiscrétion à parler haut, et à prendre le public pour juge de ses projets ou de ses doléances. En Angleterre, la publicité est de droit commun; c'est à l'opinion qu'on s'adresse de prime abord; c'est la première puissance dont on sollicite l'appui; et l'homme même qui médite un traité avec le pouvoir, commence par rechercher la popularité dans l'intérêt bien entendu de son ambition.

S'agit-il d'un abus à réformer, d'une amélioration à introduire, d'un droit à réclamer, d'une institution nouvelle à fonder, dans l'intérêt de la religion, de la morale, de la liberté, ou de la richesse publique, la première démarche indispensable est d'éclairer l'opinion sur la question dont on s'occupe. On commence par fixer l'attention du public par des brochures ou des articles de journaux. Puis quelques personnes marquantes se réunissent en comité, et préparent une série de résolutions qui seront soumises à la discussion générale. Quand on est d'accord sur ce point, on convoque une réunion, soit en plein air, soit dans une des grandes salles construites pour cet objet, que l'on trouve dans presque toutes les villes d'Angleterre. Un président, désigné par la voix publique, dirige l'assemblée; les résolutions sont discutées et mises aux voix; et au milieu même des débats les plus orageux, une certaine habitude des formes de la délibération, habitude commune à toutes les classes de citoyens, maintient l'ordre, et protége les droits de la minorité.

Souvent dans des réunions de ce genre, des orateurs inconnus jusque-là paraissent pour la première fois sur la scène, et développent des talens qui leur ouvriront peut-être un jour l'entrée du sénat. Le lendemain leurs discours sont imprimés dans les journaux, et retentissent dans toute l'Angleterre. Une première assemblée en fait naître d'autres, l'opinion s'éclaire et s'anime, et bientôt elle atteint un degré de force devant lequel toute résistance du pouvoir serait inutile.

Ce n'est donc pas sans raison que les Anglais attachent une si haute importance au droit de s'assembler pour discuter les intérêts publics, et qu'ils le mettent au premier rang de leurs prérogatives constitutionnelles. Le droit de pétition, tel qu'ils le conçoivent, n'est même autre chose que le droit de s'assembler pour délibérer sur les vœux ou les griefs à énoncer dans la pétition ; car on ne s'attend pas à ce que la Chambre prononce comme un juge sur toutes les requêtes qui pourraient lui être adressées. Ce n'est qu'en tant que telle ou telle pétition devient l'objet de quelque motion de la part d'un membre, que la Chambre est appelée à en prendre une connaissance spéciale. L'on ne prétend point donner indistinctement le droit d'initiative à tout le public, ce qui ne serait qu'une confusion anarchique des pouvoirs. Mais ce que l'on veut avec toute raison, c'est que l'opinion jouisse de la plus entière latitude pour se former et se manifester. Or, des assemblées publiques, fréquentes et nombreuses, sont indispensables pour atteindre ce but. C'est une véritable dérision que de parler liberté dans un pays où toute réunion périodique de plus de vingt personnes est illicite sans l'autorisation du gouvernement; et cet article de nos lois est une preuve entre mille de cette triste vérité, que le despotisme impérial forme encore la base de toute notre organisation politique, et que la Charte en a à peine modifié la surface.

Le droit de s'assembler a subi, d'abord sous M. Pitt, et, plus tard, sous lord Castlereagh, quelques restrictions contre lesquelles l'opposition a vivement réclamé. Elle a flétri du nom de *gaggins bills* (lois de bâillon) les divers actes qui ont apporté de certaines limites à l'exercice de ce droit, comme à d'autres libertés publiques ; et sur le continent quelques libéraux novices ont répété avec complaisance que l'Angleterre était asservie. Une inquiétude jalouse des moindres atteintes portées aux droits du peuple m'inspire trop de respect pour que je veuille prendre la défense des mesures répressives adoptées par le gouvernement anglais; elles sont fâcheuses sous plusieurs rapports. Mais comme il me semble curieux de montrer ce que les amis de la liberté, en Angleterre, ont considéré comme un empiétement grave du pouvoir, je vous retracerai quelques unes des clauses de l'acte de 1820, qui a restreint temporairement la faculté de s'assembler en public ; et je crois que vous vous écrierez avec moi : Plût au ciel que nous fussions asservis de la même manière !

L'acte dont nous parlons interdit, il est vrai, toute réunion en plein air, de plus de cinquante personnes, dans le but de délibérer sur des questions religieuses, politiques ou administratives; mais les nombreuses exceptions qu'il se hâte de faire à cette défense laissent au droit de s'assembler une latitude que les plus ardens amis de la liberté oseraient à peine réclamer pour la France.

Sont exceptées en effet les assemblées de comtés ou de divisions, pourvu qu'elles soient convoquées par le lord-lieutenant, par le gouverneur, par le shériff ou son substitut; par divers autres magistrats, selon les localités, ou enfin par cinq juges de paix en activité.

Sont exceptées également les réunions convoquées par la majorité du grand jury, pendant la durée des assises; les assemblées publiques des habitans de toute cité, bourg ou ville incorporée, lorsqu'elles sont convoquées par le maire, l'échevin ou tout autre officier civil, agissant en chef dans son ressort.

Remarquez ici que plusieurs des magistrats auxquels est attribué le droit de convoquer ces diverses assemblées, sont élus par le peuple, que d'autres sont inamovibles, et que tous enfin exercent des fonctions gratuites, et sont choisis, sans distinction d'opinions politiques, dans toutes les classes indépendantes par leur fortune et par leurs lumières ; en sorte qu'il est impossible qu'il survienne aucun grief sérieux, aucune question de quelque importance, sans que les hommes dont les intérêts se trouvent affectés ou les opinions blessées, soient assurés de pouvoir faire retentir leurs plaintes dans une réunion nombreuse de leurs concitoyens.

Ce n'est pas tout. Aucune des formalités que je viens de vous indiquer n'est applicable aux réunions composées uniquement des habitans de la paroisse où elles doivent avoir lieu, réunions qui peuvent souvent être fort nombreuses, vu la grande population de plusieurs paroisses, surtout des paroisses urbaines. Il suffit, dans ce cas, que la convocation de l'assemblée porte la signature de sept personnes domiciliées, et qu'un juge de paix en soit prévenu six jours d'avance.

Enfin quelle est la peine prononcée contre ceux qui assisteraient à des assemblées illégales? Aucune, s'ils se dispersent à la première sommation des magistrats. Ce n'est qu'en cas de résistance que la loi déploie toutes ses rigueurs.

Observez d'ailleurs que l'acte dont je vous donne l'analyse n'ayant pour but que de prévenir les attroupemens séditieux, ou du moins les grandes réunions en plein air qui pourraient devenir dangereuses dans un moment d'effervescence, l'idée même ne se présenterait pas d'en faire l'application aux innombrables sociétés qui se rassemblent chaque jour sur tous les points de l'Angleterre, pour s'occuper d'objets d'utilité publique.

Quel affligeant contraste n'offre pas ici notre législation! Non seulement, en France, aucune société semblable ne peut se réunir sans la permission expresse du gouvernement, c'est-à-dire de la police; mais le petit nombre de celles qui sont tolérées ne jouit qu'en tremblant d'une existence précaire que le moindre caprice peut leur arracher.

Dans un pays où tout se traite en public, où, depuis les plus grandes questions législatives jusqu'aux moindres détails d'administration locale, tout est soumis à la discussion, le talent de la parole doit naturellement être l'objet de l'ambition universelle. Dès l'école, et dans leurs jeux mêmes, les enfans s'exercent à l'éloquence politique. Souvent, à Eton et à Westminster, ils forment entre eux une petite chambre des communes, soumise à des réglemens calqués sur ceux du parlement. Parvenus à l'université, les jeunes gens se réunissent en sociétés de discussion (*debating societies*) où se traitent, selon des formes méthodiques, des questions d'histoire, de philosophie, de législation, d'économie politique. C'est là souvent que se sont développés les germes des plus grands talens; et tel orateur dont l'éloquence fera un jour l'orgueil de l'Angleterre, a senti la première étincelle de son génie jaillir aux applaudissemens de ses condisciples.

Ces sociétés de discussion ne sont pas bornées aux classes riches et éclairées; le goût s'en retrouve dans tous les rangs. A Londres et dans d'autres grandes villes, il en existe même de publiques où l'on est admis en payant. L'ordre du jour est affiché à la porte de la salle, et, pour un shelling, tout passant peut entrer et prendre part à des discussions dont la politique du jour n'est point exclue, et où la Sainte-Alliance elle-même a été plus d'une fois l'objet de plaisanteries irrévérencieuses. Je n'ai point eu occasion de voir une de ces assemblées, et je le regrette; mais on m'a assuré qu'il n'était pas rare d'y entendre des orateurs populaires doués d'une facilité incorrecte, mais énergique, et capable de faire impression sur leur auditoire.

Les *debating societies* ne sont au reste qu'un hors-d'œuvre; mais toutes les institutions qui font la base de l'ordre social et politique, le jury, les commissions administratives, les conseils municipaux, les assemblées de paroisse et de comté, les élections, tout suppose l'habitude de la parole et la connaissance des formes de la délibération. On ne trouve guère d'homme ayant reçu quelque éducation, qui ne sache présider une assemblée, en diriger les débats, et mettre les questions aux voix dans l'ordre où elles doivent être présentées. Il est des notions indispensables à cet égard, qui sont tellement familières au peuple anglais, qu'on ne songerait pas même à en faire l'objet d'une étude, tandis que, chez nous, ces mêmes notions restent encore étrangères à ceux même qui ont vieilli dans nos assemblées délibérantes.

Les contrastes du caractère anglais ne se montrent nulle part d'une manière aussi bizarre que dans les réunions publiques. Je connais tel homme dont la timidité, dans le monde, est à peine égalée par celle d'une jeune fille de quinze ans, tel homme qui, au milieu d'un salon, ne répondrait pas sans rougir d'embarras à l'interpellation la plus simple, et qui, invité à manifester son opinion dans une assemblée publique, se lève sans hésiter, parle pendant plus d'une heure avec facilité et d'abondance devant des milliers de ses concitoyens.

Les discours écrits, interdits par la règle dans le parlement, le sont par l'usage dans toute autre assemblée. Parler en public et improviser sont deux mots synonymes, et l'idée d'apporter toute rédigée dans sa poche l'expression du sentiment qui pourra naître d'une circonstance non encore avenue, ou de l'opinion qui doit se former dans une discussion non encore commencée, paraîtrait le comble du ridicule. On ne suppose pas que personne puisse être embarrassé de raconter ce qu'il sait, ou de dire ce qu'il pense : quiconque s'exprime avec simplicité et modestie est écouté avec bienveillance, et la sévérité ou l'indulgence du public se proportionne avec une justice remarquable à ce qu'on est en droit d'attendre des talens et de la position sociale de chaque orateur.

Les repas publics sont une des occasions les plus habituelles de s'exercer à la parole. Ces repas ont pour but, ou d'entretenir l'esprit d'association, ou d'encourager l'étude de telle ou telle science, en réunissant des hommes qui n'auraient pas sans cela l'occasion de se communiquer librement leurs idées, ou de raviver les opinions politiques, en célébrant l'anniversaire d'un événement important, tel que la naissance d'un grand homme, l'élection d'un député cher à son pays. Rien de plus original que ces dîners politiques. J'ai vu maintes fois près de trois cents personnes réunies à la même table, et électrisées par un même sentiment, sans que la vivacité de leurs émotions les empêchât d'observer avec la régularité la plus méthodique tous les usages reçus en pareil cas.

Un président prend place au haut de la table; nulle réunion sans cette formalité, qui paraît indispensable pour assurer l'ordre et la régularité d'une discussion quelconque. Les Anglais de toutes les classes ont, à cet égard, un tact remarquable, et, pour peu qu'un orateur s'écarte des convenances, il s'élève de toutes parts un cri de *chair, chair* (littéralement . *fauteuil, fauteuil*), espèce d'appel à l'idée abstraite de la présidence, qui indique à celui qui en remplit les fonctions qu'on s'attend à ce qu'il maintienne l'ordre, ou rétablisse la position de la question. A l'autre extrémité de la table est assis le vice-président (*deputy-chairman*), destiné à remplacer le président, lorsque celui-ci est appelé à prendre part à la discussion ; car ce sont deux axiomes invariables, qu'une assemblée ne peut jamais rester sans chef, et qu'un président ne doit jamais discuter. Quand ces premiers rudimens de toute assemblée délibérante nous deviendront-ils donc familiers? A droite et à gauche du président sont les places réservées, soit aux orateurs qui seront invités à prendre la parole, soit aux personnes à qui l'on veut donner une marque de distinction.

Au dessert, lorsque la nappe est enlevée, suivant l'usage encore assez général en Angleterre, un maître des cérémonies se place, le verre en main, derrière le fauteuil du président et prévient l'assemblée que les toasts vont commencer. On débute d'ordinaire par porter la santé du Roi, puis du duc d'York et de l'armée, puis du duc de Clarence et de la marine, soit avec des applaudissemens, soit en silence, suivant la circonstance ou les sentimens de l'assemblée. Viennent ensuite les toasts analogues à l'objet de la réunion, comme, par exemple, la santé du député dont on célèbre l'élection. Veuillez remplir vos verres, s'écrie le maître des cérémonies; après quoi il prononce trois fois trois hourras, qui sont répétés à voix basse par tous les assistans, et ce n'est jamais qu'au neuvième que l'enthousiasme, fût-il à son comble, se permet d'éclater par des cris ou par des applaudissemens. Celui dont on vient de porter la santé se lève alors; il monte sur sa chaise, ou se place debout sur la table même, au milieu des assiettes et des verres, et là, après avoir remercié l'assemblée, avec une recherche de modestie quelquefois outrée, il rend compte de sa conduite, retrace l'histoire de sa vie politique, ou reproduit sous des formes plus piquantes et plus gaies les opinions qu'il a émises dans le parlement.

C'est dans des réunions de ce genre qu'ont été prononcés quelques uns des discours les plus remarquables de Brougham, de Mackintosh et de Canning. L'éloquence d'un homme d'État devient alors comme la propriété de ceux qui l'écoutent; ils l'adoptent; ils se pénètrent de ses idées; ce n'est plus pour eux un être abstrait; c'est leur commensal, leur convive; ils ont entendu le son de sa voix, ils ont suivi l'expression de sa physionomie. Un intérêt tout nouveau lie désormais le député à ses commettans, l'homme illustré par le courage ou par le talent aux citoyens de sa ville natale, ou à la corporation qui l'admet dans son sein.

Un orateur remplace l'autre; de nouveaux toasts sont portés par trois fois trois, et les discours se succèdent bien avant dans la nuit, sans que la foule des convives paraisse s'en lasser, lors même que, de chute en chute, la parole est arrivée aux orateurs les plus médiocres; tant la vie politique a d'attraits pour les citoyens d'un pays libre!

Les repas les plus solennels sont ceux du lord maire de Londres, dans Guildhall. Les souvevenirs historiques que retrace cet édifice, le nombre immense des convives, les costumes du vieux temps, les bannières déployées, la musique, les fanfares qui se font entendre à chaque toast, tout donne à ces réunions un caractère de grandeur et d'originalité dont rien, sur le continent, ne nous offre l'image.

Peut-être devrais-je vous parler maintenant des assemblées religieuses et philanthropiques qui jouent un si grand rôle dans l'organisation sociale de l'Angleterre; mais tout ce qui se rattache à l'état religieux de ce pays est une question d'une trop haute importance pour la traiter épisodiquement; et je la remets à une autre époque, si tant est que ma correspondance conserve quelque intérêt pour vous.

LETTRE XI.

DES ASSEMBLÉES DE COMTÉ.

De toutes les réunions publiques de l'Angleterre, les plus frappantes peut-être pour un étranger, ce sont les assemblées de comté. Ces assemblées se tiennent ordinairement en plein air, sur la place publique, dans la cour d'un palais de justice, dans quelque promenade fréquentée; car la foule des intéressés ou des curieux est trop considérable pour qu'aucun édifice public puisse les contenir. Et en effet, quoique les francs-tenanciers, habitans du comté, aient seuls le droit d'y voter, on admet assez indistinctement quiconque veut y assister. Il ne s'agit pas là de prononcer en législateurs ou en juges, sur des intérêts et sur des droits positifs, mais de consulter ou de diriger l'opinion des masses.

Je vous donnerai mieux l'idée de l'effet que doivent produire des assemblées de ce genre, en vous décrivant une de celles auxquelles j'ai assisté. Quelques circonstances particulières l'ayant rendue assez curieuse, le récit n'en sera pas sans intérêt pour vous.

Dans l'automne de 1822, la baisse des grains et le taux élevé des baux à ferme passés pendant la guerre, lorsque le prix du blé était exorbitant, avaient plongé la classe agricole dans un état de gêne et d'inquiétude. Cette gêne qu'on a fort exagérée, et qui n'était que transitoire, comme l'événement l'a prouvé, n'était pourtant pas sans réalité à cette époque. Les propriétaires, dont les dépenses s'étaient accrues en raison de la hausse de leurs fermages, ne se résignaient qu'avec peine à quelques réductions dans leurs jouissances de luxe; les fermiers qui, séduits par le prix excessif des denrées, avaient souscrit des baux dont ils ne pouvaient plus remplir les conditions, se plaignaient amèrement; les journaliers étaient sans ouvrage, ou n'obtenaient que des salaires insuffisans. De toutes parts s'élevaient des murmures, et l'on n'entendait que cris de détresse au milieu du pays le plus florissant que l'imagination puisse se représenter.

Dans nos monarchies continentales, le peuple ne connaît guère d'autre alternative qu'une soumission apathique, ou la révolte. On tolère patiemment les plus grandes injustices, ou l'on s'en prend à l'autorité des maux qu'il est le moins en son pouvoir d'empêcher. Il n'en est pas de même en Angleterre. Lorsqu'une classe de la communauté est en souffrance, c'est, avant tout, de ses propres efforts qu'elle attend le soulagement de ses maux; on parle, on écrit, on se rassemble, jusqu'à ce qu'on ait trouvé le remède dont on a besoin, ou que la marche naturelle du temps ait rétabli l'équilibre; et, s'il est permis de se servir d'une comparaison vulgaire, *si* MAGNA *licet componere* PARVIS, le pays entier offre l'image d'une fourmilière. Quelque accident vient-il en troubler l'économie, on voit à l'instant toute la république se mettre en mouvement, et ne se reposer que lorsque l'édifice commun est reconstruit.

À l'époque dont je vous parle, il y eut dans presque tous les comtés de l'Angleterre des assemblées destinées à discuter les moyens d'améliorer la situation de la classe agricole, *the landed interest*. De nombreuses pétitions furent adressées à la Chambre des Communes; et, dans presque toutes, on finissait par invoquer la réforme parlementaire, espèce de panacée à laquelle bien peu de gens songent lorsque l'état du pays est prospère, mais dont on attend des effets merveilleux dès qu'on éprouve quelque malaise.

L'assemblée à laquelle j'assistai alors fut celle du comté de Kent, un des plus importans par son étendue, sa richesse et sa population. Les habitans de ce comté, fiers de quelques anciennes prérogatives, se désignent encore emphatiquement par le nom d'hommes de Kent, *men of Kent.* La réunion était indiquée dans la ville de Maidstone, à trente-cinq milles de Londres. Je partis le matin avec quelques grands propriétaires whigs de la province, qui m'honorent de leur amitié. Nous traversions un pays d'une richesse admirable, et, sur toute la route, mes compagnons de voyage étaient l'objet de ce respect empressé que l'aristocratie anglaise obtient de toutes les classes du peuple, pour peu que le mérite personnel accompagne les avantages du rang et de la fortune. En approchant de Maidstone, nous rencontrons un grand nombre de propriétaires et de fermiers qui se rendaient comme nous à l'assemblée, presque tous à cheval; car, au milieu de la prétendue détresse du pays, il n'y avait guère de fermier qui ne regardât un ou deux chevaux de selle comme un objet de première nécessité.

Nous descendons à l'auberge, où nous trouvons déjà réunis en comité quelques uns des hommes les plus influens du voisinage. Un projet de pétition avait été préparé la veille; il énonçait les griefs de la classe agricole, réclamait des réductions de taxes, ainsi que des mesures pour relever le prix des grains, et demandait enfin la réforme parlementaire, comme l'unique remède à tous les maux de l'État. Ce projet semblait de nature à satisfaire les vœux les plus démocratiques. On le discute, on y fait de légers amendemens, et on se dispose à le présenter à l'assemblée générale, où tout portait à croire qu'il serait adopté sans résistance.

L'heure sonne; nous descendons sur la place publique. C'était jour de marché; plusieurs milliers d'hommes étaient déjà réunis; toutes les fenêtres des maisons voisines étaient encombrées de curieux; au bruit de la foule se mêlaient le mugissement des bœufs, le bêlement des moutons, et tout le mouvement confus des acheteurs et des vendeurs. Le peuple impatient se pressait autour de quelques charrettes destinées à servir de tribune aux orateurs, et sur l'une desquelles deux planches de sapin, mises en travers, formaient le fauteuil et le pupitre du shériff, président de l'assemblée. Les uns montaient sur les roues; d'autres se hissaient sur une échelle, dans la position la plus gênante et la plus périlleuse, pour être bien assurés de ne pas perdre un mot des débats; tant les dernières classes du peuple, en Angleterre, sont vivement sensibles aux plaisirs de l'éloquence politique!

Mais au milieu de tout ce tumulte, les charrettes, à l'exception d'une seule, restaient vacantes; personne, même parmi les plus avides des plaisirs de la journée, ne songeait à les escalader; et pourtant aucune force armée n'était là pour les garder; aucune ordonnance n'en interdisait l'accès. Pour qui ces places sont-elles réservées? demandai-je à mon voisin. Pour les *gentlemen*, me répondit-il. Or quels étaient ces *gentilshommes*? Était-ce des privilégiés qui pussent exiger cette marque d'honneur? Nullement. Avaient-ils quelque signe distinctif pour se faire reconnaître? Aucun. La notoriété publique les désignait seule; et au milieu de la scène la plus confuse, un sentiment général des convenances indiquait à chacun que les meilleures places étaient dues aux pairs du royaume, aux membres de la Chambre des Communes, aux juges de paix, à tous ceux qui, par leur condition sociale, sont plus spécialement appelés à connaître et à discuter les intérêts de leur pays, à tous ceux enfin que leur éducation et leur manière de vivre font comprendre dans le terme générique de *gentlemen*. Mais à peine les *gentlemen* eurent-ils occupé leurs places, à peine le shériff eut-il déclaré que la séance était ouverte, qu'en un instant les charrettes furent prises d'assaut, et encombrées par la foule, au point que les orateurs mêmes, pour être à portée de se faire entendre, étaient obligés de se tenir comme en équilibre sur les bras et sur les épaules de leurs amis.

Après que le shériff eut exposé le sujet de la réunion, un membre du parlement, représentant de l'opinion whig du comté, prit la parole, et développa les motifs du projet de pétition. La conduite du ministère, l'accroissement des impôts, fruit de guerres ruineuses et impolitiques, furent naturellement le sujet de son discours, plus d'une fois interrompu par le tonnerre des applaudissemens de dix mille auditeurs.

L'assemblée paraissait unanime; toutefois le chevalier Knatchbull, député ministériel, quoique presque seul de son bord, ne crut pas devoir laisser le discours de son collègue sans réplique; et, après quelques complimens oratoires, dont les Anglais sont aussi prodigues dans les réunions populaires que sobres dans les débats des tribunaux et les discussions du parlement, il prit hardiment la défense des opinions ministérielles qui, là du moins, se trouvaient en si grande minorité. Son discours fut écouté sans faveur, mais avec impartialité; on sut gré à l'orateur de s'être acquitté de sa tâche d'une manière franche et virile (*manly*), expression qui, dans le langage et l'esprit anglais, est un des plus grands témoignages d'estime.

La pétition n'éprouvait point de résistance, et déjà le shériff allait la soumettre au vote de l'assemblée, lorsque, du milieu de la charrette la plus pressée par la foule, une voix s'élève et réclame la parole pour un amendement. Tous les regards se dirigent de ce côté, et l'on voit un homme à cheveux gris, mais d'une stature forte, et d'une expression hardie, se faire jour à travers ses amis, et s'avancer pour prendre la parole. Cet homme était le fameux Cobbett. Il est accueilli par un murmure général de désapprobation. A bas Cobbett! point de jacobin parmi nous! s'écrie plus d'une voix. Cependant un lord de l'opposition réclame la liberté de la parole. «Cobbett est-il franc-tenancier du comté? demande-t-on de toutes parts. — Oui, je le suis, répond Cobbett d'une voix ferme. — Dès-lors, reprend le shériff, vous avez le droit d'être entendu, et mon devoir est de vous maintenir la parole.» Voici, en peu de mots, le début du discours de Cobbett, autant que ma mémoire peut me le retracer.

« Je vois que l'assemblée ne m'accueille point
« avec faveur; je serai court, et mon langage
« sera si clair, que le journalier que voici devant
« moi, en sarrau de toile, ne perdra aucune de
« mes paroles, et les transmettra, je l'espère, à
« ses enfans. De toutes parts j'entends récla-

« mer la réforme parlementaire, comme l'uni-
« que remède aux maux que vous endurez. Mais
« quels sont donc les premiers qui aient pro-
« clamé cette vérité? Quels sont, si ce n'est les
« radicaux, ceux qui, depuis plus de vingt ans,
« ont revendiqué pour le peuple anglais les
« droits dont une arrogante aristocratie le dé-
« pouille? Et quel a été notre salaire? Nous
« avons été insultés, bannis, emprisonnés ; le
« sang des meilleurs citoyens de l'Angleterre a
« été répandu dans les plaines de Manchester ;
« moi-même, je me suis vu forcé de fuir ma
« patrie, et d'aller chercher un asile au-delà de
« l'Océan. Je rentre dans mes foyers, et que
« vois-je? Les grands seigneurs de ce comté
« viennent eux-mêmes vous proposer cette ré-
« forme que, récemment encore, ils traitaient
« de criminelle chimère. Je serai juste envers
« vous, messieurs les whigs, je conviendrai que
« vos ancêtres ont bien mérité de l'Angleterre,
« au temps de la révolution; je conviendrai
« même que vous êtes moins ennemis des li-
« bertés de votre pays que les gens de cour et
« les usuriers, qui s'enrichissent à prêter à gros
« intérêts de quoi suffire à de folles dépenses
« et à des guerres iniques. Mais que m'importe,
« si vous ne cessez pas de profiter de la corrup-
« tion que vous semblez combattre? Que m'im-

« porte, si, en prêchant la réforme, vous con-
« servez vos bourgs pourris, sous prétexte qu'il
« ne serait pas sage d'y renoncer, tant que les
« torys conservent les leurs? Ce honteux trafic
« a duré trop long-temps. Le moment est venu
« de vous parler un langage plus sévère, et vous
« allez l'entendre de ma bouche : résignez-vous,
« sans plus tarder, au sacrifice de vos bourgs,
« ou préparez-vous au sacrifice de vos châteaux
« et de vos fortunes. »

Pendant un semblable exorde, des colporteurs, répandus sur divers points de la place publique, agitaient au loin d'immenses écriteaux, véritables oriflammes du radicalisme, où les diverses brochures de Cobbett étaient recommandées à l'attention populaire. Un murmure sourd annonce à l'orateur que ses paroles font impression : il profite habilement de la disposition des esprits; il parcourt les différens abus du système aristocratique, dans l'État et dans l'Église; puis, revenant à un ton plus modéré, il propose, comme amendement à l'adresse, une réduction de la dette publique, fondée sur ce qu'il est juste de faire participer les rentiers à la réduction que toutes les autres classes de citoyens ont subie dans leurs revenus, soit par la baisse du prix des grains, soit par la reprise des paiemens en numéraire.

A Cobbett succéda un autre orateur du même bord, qu'on me dit être un huissier-priseur de Rochester, et qui, sans correction de langage, mais non sans verve et sans connaissance de l'histoire politique de son pays, développa l'amendement de son chef de parti, et acheva d'entraîner l'assemblée.

L'amendement de Cobbett n'était au fait qu'une proposition de banqueroute mal déguisée; mais, pour le démontrer d'une manière satisfaisante, il fallait entrer dans des considérations d'économie politique peu à la portée d'un auditoire mobile et impatient. D'ailleurs quelques whigs s'étaient un peu écartés des vrais principes, dans une discussion au parlement sur le même sujet : il en devenait peut-être difficile pour leurs amis de combattre victorieusement la proposition des radicaux ; leurs efforts, pour la repousser, furent donc inutiles. L'amendement passa à une forte majorité; et, pour mieux constater son triomphe, Cobbett se donna le mérite de laisser recommencer deux fois l'épreuve du vote.

Voilà donc une victoire remportée par le chef du parti jacobin, par un homme dont tous les écrits ont une tendance subversive et révolutionnaire! Et cette victoire est remportée, non pas sur quelques ministériels obscurs, mais sur des whigs, sur les propriétaires les plus considérables et le plus justement respectés de la province. Il les a menacés sur la place publique, au milieu de la foule assemblée, de la perte de leurs priviléges, et de la spoliation de leurs fortunes; et il a obtenu la majorité. Comment ne pas croire que le pays est à la veille d'une révolution? que le peuple va se soulever, que les classes pauvres vont se précipiter sur les rangs élevés; que tout l'édifice de l'aristocratie anglaise va s'écrouler avec fracas? Transportons par la pensée une semblable scène dans le voisinage de Paris, et faisons-nous, s'il est possible, une juste idée des terreurs du gouvernement. Que d'agens de police, que de gendarmes, que de troupes en mouvement! Trop heureux cent fois, si quelque soldat stupidement féroce ne venait pas, certain de l'impunité, faire feu sur le peuple, sans autre autorité que son caprice!

Rien de pareil en Angleterre, à moins des troubles les plus graves; point de troupes, point de gendarmes, point d'autres espions que quelques tachygraphes, envoyant à la hâte leurs feuilles volantes au journaliste qui les emploie. Après une agitation de quelques instans, tout rentre dans l'ordre; et le peuple, satisfait d'avoir joui de ses droits, se retire plus attaché que jamais aux institutions qui les garantissent.

C'est ce qui est arrivé à l'époque dont je vous parle : après quelques succès passagers de Cobbett, de Hunt et de leurs adhérens, le bon sens national a repris le dessus, et la majorité est restée aux whigs dans les assemblées de comté. J'ai vu moi-même l'assemblée de Maidstone se séparer assez confuse d'avoir été entraînée par un homme dont le caractère et les opinions n'inspirent aucune estime. Je suis retourné à Londres avec les mêmes personnages que j'avais accompagnés le matin; ils n'étaient pas l'objet de moins de témoignages de respect; rien n'était changé; pas la moindre crainte sur la stabilité des institutions et des fortunes; et dix mille hommes votant la banqueroute, à douze lieues de la capitale, n'avaient pas même occasionné la plus légère variation dans le cours des effets publics.

On aurait tort de conclure de là que les assemblées de comté soient de vaines cérémonies, des espèces de saturnales d'un jour, sans conséquence pour lendemain. Ces assemblées exercent une influence réelle sur l'opinion des masses; elles l'éclairent et la fortifient; elles entretiennent chez le peuple anglais le sentiment de ses droits et de sa force, sans lequel toutes les garanties écrites deviendraient vaines; et ce serait un homme d'État sans tact et sans prévoyance, que celui qui ne suivrait pas d'une oreille attentive les vœux énoncés dans des réunions de ce genre.

Croyez-vous, me demandera-t-on peut-être, que les assemblées populaires pussent être introduites en France sans danger, et que, pour être vraiment utiles, elles n'exigent pas un contrepoids aussi fort que celui de l'aristocratie anglaise? Cette question est bien vaste et me menerait trop loin; mais ce que je crois du moins, c'est qu'un ordre de choses qui permet au peuple de donner pleine carrière à son énergie intellectuelle, d'épancher dans une discussion vive, turbulente même, cette surabondance de vie qui se trouve chez les nations comme chez les individus, je crois, dis-je, qu'un tel ordre de choses est préférable à celui où l'activité humaine, comprimée par le despotisme, ou gênée par les pédantesques niaiseries qu'on décore du nom d'administration, n'a d'autre alternative que de gémir sous le fardeau qui l'accable, ou de se frayer une route sanglante, en renversant toutes les barrières sociales.

Plus un peuple a été long-temps emmailloté dans les langes de la police, plus, sans doute, le premier exercice de sa liberté doit être entouré de précautions; mais nous n'en conclurons pas qu'il faille le laisser croupir à jamais dans une servile apathie.

LETTRE XII.

DES ATTRIBUTIONS DU PARLEMENT.

Après vous avoir parlé, dans mes dernières lettres, de quelques unes des assemblées publiques de l'Angleterre, je me trouve naturellement conduit à vous entretenir du parlement; et, si je ne me trompe, je crois que, sans que nous en ayons encore rien dit, vous en avez déjà conçu une idée plus juste qu'on n'en a d'ordinaire sur le continent. Le parlement n'est en effet qu'une assemblée publique, plus solennelle et plus puissante que les autres, mais qui s'y rattache par mille liens divers, soit que l'on envisage sa composition, ses formes ou ses attributions.

Dans les pays où le gouvernement représentatif est d'importation nouvelle, et où une imitation plus ou moins défigurée de la constitution anglaise, a été superposée à la monarchie administrative, il y a un véritable désaccord entre les débats parlementaires et tout l'ensemble des institutions. Au milieu d'un peuple privé de droits et de mœurs publiques, le corps législatif se présente comme une espèce de chevalier errant qui vient, chaque année, rompre une lance avec le ministère. Quelques hommes en place peuvent être renversés dans le tournoi; mais la session finie, tout rentre dans la routine accoutumée. Ce n'est qu'un mauvais moment à passer, et les ministres croient faire merveille, lorsqu'en privant les Chambres de toute initiative, en leur refusant les renseignemens les plus indispensables, sous prétexte de je ne sais quelle prérogative de la couronne, ou de toute autre fin de non recevoir, ils réduisent le corps législatif à une véritable nullité.

Les ministres anglais ne sont pas des amans bien passionnés des libertés publiques, mais ils sont moins novices que nos gouvernans, en matière de constitution; leurs idées sont plus larges, et, loin d'ergoter sur l'étendue des attributions du parlement, ils ne demandent pas mieux que de se décharger sur lui d'une partie des affaires d'administration, afin de diminuer d'autant leur responsabilité. Aussi voyons-nous que le nombre des actes législatifs a été croissant rapidement depuis quarante ans: de 1781 à 1791, il était, en moyenne, de 171 par session; de 1812 à 1822, il s'est élevé à 342; c'est juste le double, et dès-lors il est encore allé croissant.

Dans ce nombre, il est vrai, sont comprises

toutes les mesures d'intérêt local ou individuel, désignées sous le nom de *private bills*, telles que des routes à tracer, des canaux à ouvrir, des marais à dessécher, des biens communaux à partager et à enclore, etc. J'ai souvent entendu dire, sur le continent, que des affaires de ce genre étaient plus utilement placées entre les mains de l'administration qu'entre celles d'une assemblée délibérante, et je me suis quelquefois laissé aller un peu légèrement à le croire; mais la réflexion m'a ramené à l'opinion contraire, qui sera partagée sans peine par tous ceux qui ont eu le malheur de parcourir l'interminable filière des bureaux ministériels et du Conseil d'État, soit pour une concession de mines, soit pour un cours d'eau, soit pour une entreprise quelconque d'agriculture, de commerce ou d'industrie.

Lorsqu'une question d'intérêt partiel est soumise au parlement, elle y arrive déjà élaborée par la discussion sur les lieux, soit entre les juges de paix, aux *quarter-sessions*, soit entre les divers intéressés réunis en assemblée pour cet objet spécial. Les comités de la Chambre des Communes auxquels la question est renvoyée ne manquent jamais de renfermer un ou plusieurs membres qui sont au fait de toutes les circonstances locales. S'élève-t-il quelque difficulté, les comités ont tout pouvoir pour faire accourir à l'instant des extrémités de l'Angleterre, des témoins et des experts, dont l'interrogatoire, rendu public par l'impression, ne laisse pas l'ombre d'un doute sur les divers points qu'il importe d'élucider.

Une telle marche est à la fois la plus rapide, et celle qui offre le plus de garanties contre tous les genres d'abus. Car si un grand nombre de bills sont adoptés avec une promptitude surprenante pour ceux qui ne connaissent du parlement que les discussions publiques, et n'ont pas étudié le travail intérieur des comités, c'est que les chambres sont certaines que ces bills, avant de leur être soumis en dernier ressort, ont été l'objet d'un mûr examen, et que, avares de leur temps, elles ne veulent pas le perdre en vaines formalités. Mais si quelque droit se trouvait lésé, si on soupçonnait quelque erreur ou quelque connivence coupable, les mêmes bills deviendraient l'objet d'un débat aussi long et aussi animé que les plus graves intérêts de l'État.

Mon but, au reste, ne saurait être d'entrer avec vous dans le détail des travaux et des pouvoirs de la Chambre des Communes. Mais je crois essentiel de vous rappeler que ses attributions, loin d'être renfermées dans de certaines limites législatives invariablement fixées, s'étendent réellement à toutes les affaires, à tous les intérêts où son intervention peut devenir utile; et cela, depuis les questions de paix et de guerre jusqu'à l'entretien d'un chemin vicinal; depuis les droits de la couronne et l'administration de la liste civile jusqu'au maniement des deniers d'une paroisse de campagne. En effet, si quelques publicistes prétendent que la Chambre des Communes représente exclusivement, ainsi que son nom l'indique, les communes qui l'ont élue, d'autres, au contraire, et ce sont ceux dont l'opinion a le plus de poids, soutiennent qu'elle représente virtuellement l'universalité des intérêts de l'État, ceux de la couronne et de la pairie, tout aussi-bien que ceux du peuple. « *The parliament moderateth the king's prero-* « *gative, and nothing grows to abuse but this* « *house has power to treat of it* : le parlement « est le modérateur de la prérogative royale, et « rien ne dégénère en abus sans que cette « chambre (la Chambre des Communes) ait le « pouvoir de s'en occuper. » Telle était la doctrine constitutionnelle qui était posée en principe, dès le règne de Henri III, et qui aujourd'hui, a pris racine dans tous les esprits.

Le parlement est le grand conseil du Roi et de la nation; il ne discute pas seulement les questions législatives, mais il fait les affaires du pays; et, sous ce rapport, il n'est que le régulateur suprême de tous les autres corps politiques, de toutes les associations qui s'occupent des intérêts de tout ou partie de la communauté. Ces associations renfermant, pour la plupart, dans leur sein, des membres de l'une et l'autre chambre, il naît de là une foule de rapports naturels et journaliers entre le parlement et les différens corps de l'État.

S'agit-il des affaires d'une province ou d'une ville; les débats du parlement se rattachent aux vœux publiquement émis dans les assemblées de comté ou dans les conseils communaux. S'agit-il des intérêts du commerce ou des manufactures; les délibérations de la Chambre des Communes sont intimement liées à celles des grandes corporations mercantiles et industrielles. S'agit-il de questions d'humanité et de philanthropie; les décisions législatives se confondent, pour ainsi dire, dans les travaux des diverses sociétés bienfaisantes qui, sans autre mobile que la religion et la charité, travaillent à la suppression de l'affreuse traite des nègres, à l'abolition de l'esclavage colonial, à la réforme des prisons et des hôpitaux, ou à l'amélioration des écoles. En un mot, le parlement n'est que le *primus inter pares*, au milieu de ces innombrables corps délibérans qui font la vie et la force du pays.

Cette manière toute pratique d'envisager l'action du pouvoir législatif en Angleterre, est importante, et je la recommande à votre attention, parce que vous y trouverez la meilleure solution de la question un peu oiseuse de l'omnipotence parlementaire.

Si vous supposez d'une part un corps législatif investi de la toute-puissance, et de l'autre une nation privée de droits, privée de garanties, privée de la faculté d'agir journellement sur la direction de ses affaires, et attribuant *a priori* un pouvoir suprême et sans réserve au seul corps politique sur la composition duquel elle puisse exercer quelque influence, un tel contraste se présente sans doute d'une manière choquante.

On se figure à l'instant le système électoral perverti par la force ou par l'intrigue, et les plus chers intérêts de chaque citoyen à la merci d'une majorité asservie. Dès-lors une défiance naturelle s'empare de tous les esprits; on s'efforce de lier les députés par des mandats spéciaux; on se réserve de certains droits, lors même qu'on n'a aucun moyen de les défendre; on fixe au corps législatif des barrières qu'il lui est interdit de franchir, comme si une pareille interdiction n'était pas illusoire, et que la souveraineté de fait n'appartînt pas nécessairement à la majorité législative, appuyée de la force matérielle du gouvernement; on réclame l'immutabilité de certains articles constitutionnels, comme si la durée perpétuelle d'une institution humaine était compatible avec la nature de l'homme et de la société. Pourquoi? C'est que la nation se sentant désarmée et sans force, a besoin de se rattacher à quelque chose de stable, et qu'à défaut de garanties vivantes et positives, elle se confie superstitieusement à la lettre morte de quelque déclaration de principes dépourvue de toute sanction.

Supposez au contraire une nation gérant elle-même ses affaires, toujours armée pour la défense de ses libertés, veillant jour et nuit à ses propres intérêts, parlant, agissant, élisant ses magistrats, intervenant de mille manières dans l'administration de la justice et dans le gouvernement de l'État, prête à tous les sacrifices, pour soutenir des priviléges politiques qui sont devenus comme un élément nécessaire de la vie de chaque citoyen, dès-lors la thèse est entièrement changée. Le corps législatif n'est plus un être à part, isolé de la nation; il est au contraire l'émanation naturelle d'une société dont chaque membre sait fort bien quels sont les droits dont il ne se dessaisirait à aucun prix, et ceux que par conséquent il doit respecter dans ses concitoyens. L'omnipotence parlementaire n'a désormais plus rien d'effrayant.

La nation, en reconnaissant que la souveraineté doit résider quelque part, et qu'elle est plus utilement placée entre les mains du parlement que partout ailleurs, est bien loin pour cela d'abdiquer ses prérogatives inaliénables. Si elle se met en tutelle, c'est comme Henri IV, avec l'épée au côté; et elle ne renonce point à ce droit fondamental de résistance, dont, suivant la belle expression de M. Fox, il est à désirer que les peuples se souviennent rarement, mais les rois toujours.

La souveraineté parlementaire ainsi conçue, n'est au fait que la souveraineté du peuple, sortie du domaine de l'abstraction pour entrer dans celui de la réalité : ou plutôt, elle est l'image terrestre de cette souveraineté de la raison à laquelle les hommes rendent hommage, lorsque, par une convention salutaire, ils donnent force de loi à l'opinion de la majorité, pourvu que cette opinion se légitime, en subissant l'épreuve d'une libre et publique discussion.

LETTRE XIII.

DE LA COMPOSITION DE LA CHAMBRE DES COMMUNES.

On a tant écrit sur la bizarrerie du système électoral de l'Angleterre, que je n'abuserai point de votre temps, en entrant dans beaucoup de détails à cet égard. L'attaquer par des raisonnemens généraux est une œuvre facile, où l'on n'a d'autre écueil à éviter que les lieux communs. En prendre la défense, et chercher à rattacher à des théories ingénieuses des résultats qu'aucune théorie ne pouvait prévoir et qu'aucune théorie ne saurait reproduire, c'est une entreprise qui peut paraître séduisante à de certains esprits, mais qui tient de trop près à l'amour du paradoxe. Je me bornerai donc à prendre les choses telles qu'elles sont, et à vous donner sur la composition du parlement quelques notions bien incomplètes sans doute, mais plus pratiques que celles qui ont généralement cours parmi nous.

Les élections anglaises peuvent se ranger sous quatre classes.

1°. Les comtés ;

2°. Les grandes villes où le vote est populaire;

3°. Les petites villes où le droit électoral appartient à une corporation;

4°. Les bourgs clos (*close boroughs*), expression plus générale que celle de bourgs pourris, ou plutôt vermoulus, qui s'applique spécialement à ceux dont les électeurs ont peu à peu disparu, et où le droit d'élire est devenu une propriété privée.

Non seulement ces différens genres d'élections ont des caractères distincts, mais chaque classe prise à part offre encore plus d'une variété.

C'est dans les élections de comté que se développent à la fois tout l'éclat de l'aristocratie et toute l'énergie politique du peuple anglais. La richesse et l'importance des candidats, le nombre et la qualité des électeurs, la publicité du vote, la lutte active des partis, la solennité du triomphe, tout concourt à donner à ces élections un caractère éminemment national. Aussi l'honneur de représenter sa province est-il le plus haut objet de l'ambition des grands propriétaires; et, quoique les membres de comté n'aient aucune prérogative dans la Chambre des Communes, quoique leur voix ne compte pas plus que celle de leurs collègues, cependant la nature même de leur élection, et la grande masse d'intérêts qu'ils représentent, leur donnent une prépondérance naturelle et légitime. Telle ou telle question pourra bien être décidée contre leur avis; mais une administration qui serait habituellement en lutte avec la majorité des membres de comté aurait peine à se soutenir, même à l'aide d'une assez grande supériorité numérique des autres votes.

Les dépenses énormes qu'entraîne une élection de comté restreignent le nombre de ceux qui peuvent y aspirer (1). Ce sont ordinairement les fils et les parens des plus riches pairs du royaume, ou des gentilshommes dont les familles ont de vieilles racines dans le comté, et sont,

---

(1) Les frais les plus considérables sont ceux qu'entraînent les voyages des électeurs non résidens, que les candidats sont souvent obligés d'amener de loin et à grand'peine sur le champ de bataille. Les autres objets de dépense sont les publications de circulaires et d'annonces dans les journaux, les honoraires des gens de loi, la construction des *hustings*, les bannières, les rubans, la musique, les festins après l'élection, etc., etc., sans parler de ces gratifications que, par euphémisme, je ne désignerai point sous un autre nom. (Voyez à cet égard plusieurs articles de la *Revue d'Édimbourg*, en particulier celui de juillet 1812, et l'écrit très distingué de M. Cottu, sur l'*Administration de la justice criminelle en Angleterre*.)

pour ainsi dire, identifiées avec ses intérêts. L'influence de ces gentilshommes repose même peut-être sur des bases plus solides que celles de la haute aristocratie. J'en connais qui ont remporté les victoires les plus signalées sur des concurrens qui leur étaient supérieurs par leur rang et par leur fortune territoriale dans le comté même, mais qui ne jouissaient pas d'autant d'estime et de confiance.

Si les élections sont pour les hommes graves un des premiers devoirs et des premiers intérêts de la vie publique, elles deviennent quelquefois pour les hommes frivoles un objet de mode, comme une loge à l'Opéra ou un pari à New-Market. Mais il est rare que ces prétentions ne viennent pas échouer devant le bon sens des électeurs, et qu'elles aient d'autre résultat que de folles dépenses.

En général les frais d'une élection sont d'autant moins considérables que le candidat est plus populaire, et jouit de plus de considération personnelle. On voit dans ce cas maint électeur payer de sa propre bourse les voyages et les dépenses dont il se croirait en droit d'être défrayé dans toute autre circonstance, et des souscriptions suppléent aux ressources pécuniaires du candidat que l'opinion publique favorise. C'est ainsi que Wilberforce a long-temps représenté le comté de Yorkshire; c'est ainsi que, dans le Westmoreland, Brougham parviendra tôt ou tard à ébranler la dynastie jusqu'ici absolue des Lowther.

Les élections contestées sont nécessairement beaucoup plus dispendieuses que celles où les candidats n'ont à lutter contre aucun adversaire, et les frais s'élèvent d'autant plus haut que les concurrens sont plus redoutables. L'une des dernières élections de lord Milton, pour le Yorkshire, n'a pas coûté moins de 120,000 liv. sterl. Vous serez sans doute surpris d'une telle somme; mais vous ne le serez pas moins de la manière dont elle a été payée.

Le comte de Fitzwilliam, père de lord Milton, est peut-être, de tous les grands noms de l'aristocratie, celui qui brille de l'éclat le plus pur. Il n'est pas un jour de sa longue carrière qui n'ait été marqué par quelque acte de justice, de patriotisme ou de bonté; pas un où il n'ait fait de son immense fortune l'usage le plus généreux et le plus éclairé. Le ministère de lord Castlereagh n'a peut-être jamais encouru plus de blâme en Angleterre que lorsque, bravant toutes les convenances morales, il a privé le comte de Fitzwilliam du gouvernement du comté de Yorkshire. Mais ne nous jetons pas dans cette digression.

L'élection de lord Milton glorieusement terminée, il fallait en payer les frais. Un mémoire de 120,000 liv. sterl. (trois millions) ne laissait pas que d'être considérable, même pour les plus grandes fortunes de l'Angleterre ; mais la difficulté fut bientôt levée. Tandis que lord Fitzwilliam s'occupait des moyens d'acquitter la dette de son fils, ses fermiers, pleins d'affection pour leur vieux maître, comme d'attachement aux libertés publiques, dont sa famille est un des appuis héréditaires, se réunirent d'eux-mêmes et s'engagèrent d'un accord unanime à payer tous les frais de l'élection. Ils ouvrirent à l'instant une souscription, et le produit en ayant dépassé la dette énorme dont ils s'étaient chargés, l'excédant fut consacré par eux à élever dans le parc de Wentworth un monument de la victoire électorale à laquelle ils avaient concouru. En retour de cette générosité patriotique, ils ne demandèrent que l'assurance qu'on ne hausserait pas leurs baux pendant un certain nombre d'années. Mais cette condition même était bien superflue avec un homme tel que lord Fitzwilliam ; car on m'a assuré que dès-lors il avait réduit volontairement d'un tiers le prix de tous ses fermages, que la baisse des grains rendait peut-être trop onéreux ; et, en même temps, voulant compenser la diminution de revenu qu'il s'imposait par cet acte de générosité, il a ouvert un nouveau canal, qui est à la fois un bienfait pour le pays et une source de richesse pour lui-même.

Qu'après de pareils traits on attaque encore la prépondérance de l'aristocratie anglaise, cela se peut; je dirai même que cela se doit; mais qu'on ne lui fasse pas du moins l'injure d'appeler du même nom les prétentions de quelques gentillâtres ou les vanités de quelques courtisans.

Sur les quarante comtés de l'Angleterre, qui envoient chacun deux *chevaliers* à la Chambre des Communes, il y en a aujourd'hui neuf où la députation est ministérielle, cinq où elle vote avec l'opposition, et vingt-six où les deux influences se balancent, et où la députation est partagée entre les torys et les whigs; en sorte que des quatre-vingts députés de comté, trente-six votent avec l'opposition, et quarante-quatre avec le ministère. Cette proportion est, comme vous voyez, beaucoup plus avantageuse à l'opposition que celle qui se déduirait de la généralité des élections. Faut-il attribuer ce résultat à ce que, dans la haute aristocratie, les whigs ont une supériorité marquée de fortune, d'influence et de talent; ou devons-nous croire simplement que les élections de comté sont l'image fidèle de l'opinion dss masses? C'est ce que je n'oserais décider.

Les douze comtés du pays de Galles sont représentés par douze députés, dont neuf votent avec le ministère et trois avec l'opposition.

Je ne vous parle pas des élections de l'Écosse, qui sont illusoires, ni de celles de la malheureuse Irlande, que l'on peut à peine comprendre dans la sphère de la constitution anglaise.

Les élections de comté, ainsi que nous venons de le voir, appartiennent à la fois aux intérêts agricoles et à l'influence de la haute aristocratie. Le caractère républicain prédomine, au contraire, dans les élections des grandes villes; et cela pour deux raisons : d'abord, parce qu'il existe une alliance naturelle entre les idées démocratiques et les intérêts du commerce et de l'industrie; ensuite, parce que la presque universalité de la population participe à des élections de ce genre. En effet, dans plus d'une ville, la capacité électorale n'est pas attribuée aux seuls francs-tenanciers, elle appartient encore à tout individu payant une contribution quelconque (*scot and lot*); on peut même dire à toute personne qui n'est pas assistée par la taxe des pauvres. En un mot, c'est le peuple entier exerçant ses droits, comme dans Rome ou dans Athènes; et, par un contraste qu'on ne peut assez remarquer, le même pays et le même temps offrent le rapprochement unique de la démocratie des républiques anciennes, de la féodalité du moyen âge, et des lumières philosophiques de la civilisation moderne.

C'est sur la place publique, c'est au milieu des huées de la populace, que les candidats viennent conquérir les suffrages par la franche profession de leurs sentimens politiques, les capter par le charme de leur éloquence, ou les entraîner par la verve de leurs saillies populaires. Nul n'imaginerait déroger, en se conformant à cet usage. Je ne vous parle pas de Fox, de *l'homme du peuple*, faisant retentir la voix de la liberté au milieu de la foule assemblée dans Westminster ; mais Burke lui-même, Burke, le champion de l'aristocratie, a prononcé peu de discours plus remarquables que celui qu'il a adressé au peuple de Bristol, réuni pour son élection.

Sir Samuel Romilly est, je crois, le seul exemple d'un candidat qui, dans une élection de Westminster, ait été dispensé de monter sur les *hustings*, de haranguer le peuple, et de subir les honneurs de la promenade triomphale (*chairing*) qui succède à l'élection. Cette exception est doublement honorable, et pour Romilly, et pour les électeurs de Londres, qui ont su ne pas attribuer ses refus à une froideur orgueilleuse, et discerner au contraire dans la calme réserve de ce grand citoyen un sentiment plus énergique et plus vrai de la dignité du peuple, que dans l'empressement qu'un autre aurait pu mettre à venir chaque jour solliciter des voix et recueillir les applaudissemens de la multitude.

On a souvent remarqué combien il est étrange que dans un pays tel que l'Angleterre, quelques unes des principales villes de manufactures ne soient pas représentées dans le parlement, et que, tandis qu'on voit de chétifs bourgs de quelques centaines d'habitans envoyer deux députés à la Chambre des Communes, des cités importantes, telles que Manchester, Birmingham, Leeds, Sheffield, n'aient pas même le droit d'en élire un seul. C'est là en effet une absurde anomalie qui ne saurait tenir long-temps contre les réclamations unanimes des gens de bon sens. Toutefois, telle est, en Angleterre même, la supériorité de la richesse agricole sur la richesse commerciale et manufacturière, qu'en 1814, sous le régime de l'*income-taxe*, l'impôt sur les profits du négoce et de l'industrie ne s'élevait qu'à 2,800,000 liv. sterl., tandis que la taxe sur les revenus territoriaux en produisait plus de 7,700,000.

Il est donc assez légitime que les intérêts agricoles aient dans la représentation nationale la même prépondérance que dans la nation même; et quoique la race des gentilshommes campagnards ne soit pas plus amie en Angleterre qu'ailleurs du perfectionnement des institutions et du progrès des lumières, on ne saurait nier cependant qu'elle n'ait quelque droit à former la base de la Chambre des Communes. C'est elle, en tant que représentant le *statu quo*, que les partisans des innovations doivent chercher à convaincre, et toute mesure qui passerait sans avoir été comprise et adoptée de la masse des propriétaires fonciers, n'aurait pas de véritables conditions de force et de durée.

LETTRE XIV.

SUITE DU MÊME SUJET.

Nous nous sommes entretenus, dans ma dernière lettre, des élections publiques et populaires des comtés et des grandes villes. Il me reste maintenant à vous parler des deux dernières classes d'élections que je vous ai indiquées ; celles des villes soumises à l'influence d'une corporation, et celles des *bourgs clos*, à la disposition d'une famille ou d'un individu.

Cette distinction, quoique fondée d'une manière générale, n'est pourtant pas d'une exactitude rigoureuse. Rien en Angleterre ne se laisse soumettre à une classification si méthodique. Je me plaignais un jour à un homme d'esprit des irrégularités sans nombre de la langue anglaise. « Vous vous trompez, me répondit-il plaisamment, notre langue est très régulière ; mais il y a une règle particulière pour chaque mot. » Ce qui est vrai du langage, ne l'est pas moins des différens faits de l'ordre social et politique. Quoiqu'ils soient liés entre eux par de certains caractères communs, il n'en est guère qu'il ne faille étudier séparément.

Ainsi l'on pourrait citer mainte ville où l'influence électorale se partage entre un riche propriétaire et une petite aristocratie bourgeoise qui lui vend ses suffrages par une sorte de convention tacite et permanente. De ce nombre sont la plupart de ces quarante-quatre bourgs de Cornouaille, qui depuis long-temps excitent le blâme des publicistes et les plaisanteries des hommes d'esprit, aussi-bien que les plaintes de la population du comté même, l'un des plus fiers et des plus indépendans qu'il y ait en Angleterre.

Telle autre ville qui compte plusieurs centaines de votans, et où le droit électoral appartient indistinctement à tous les contribuables, n'en est pas moins un bourg clos, parce que des circonstances particulières la mettent dans la dépendance absolue d'un grand propriétaire. Telle autre, au contraire, où le droit électoral est concentré dans une petite corporation, ne reconnaît d'autre influence que celle de l'argent, et la députation en est accessible à quiconque veut payer le prix convenu.

C'est incontestablement dans les élections de petites villes que la corruption est le plus fréquente, je dirais presque le plus naïve. Un des amis de Sheridan s'occupait de le faire élire dans la ville de Hereford, autant que je puis m'en souvenir; il allait de maison en maison, recueillant des promesses de vote, et faisant ce travail préparatoire de la candidature que l'on désigne en anglais sous le nom de *canvass*. Après avoir vanté le talent de son illustre ami, il faisait valoir ses principes politiques, et surtout son attachement à la doctrine de la réforme parlementaire. « Ah, monsieur! s'écrie un des électeurs en l'interrompant, que vous avez bien raison, et que M. Sheridan est un brave homme! Oui, certes, le parlement a besoin de réforme; qui le sait mieux que nous? Depuis quelque temps, le croiriez-vous, ces messieurs de la Chambre des Communes sont devenus si avares, que bientôt les pauvres bourgeois ne pourront plus vivre, et qu'un honnête électeur sera obligé de donner son vote pour un morceau de pain. »

Mais comment se fait-il, me demanderez-vous peut-être, qu'un système si patent de corruption puisse se maintenir, en dépit des lois destinées à le réprimer, sous l'empire de la publicité, et en présence d'une opinion publique si sévère sur d'autres points? A cela, je n'ai rien à répondre, si ce n'est que c'est une bizarrerie entre mille, et que, chez les peuples même les plus avancés en liberté, les progrès de la morale sont beaucoup plus lents dans l'ordre politique que dans les relations privées.

Un défenseur acharné de tout ce qui existe ajouterait peut-être qu'il importe peu que les élections soient vénales, tant que personne ne réclame, et que les choix tombent sur des hommes dignes de siéger dans le parlement; que, d'ailleurs, dès qu'il y a plainte, dès que la corruption peut être prouvée, la Chambre exclut de son sein le député dont l'élection est attaquée, et punit le bourg coupable par la privation de ses franchises.

Nous avons vu en effet deux exemples récens de ce châtiment mérité. Mais une pareille procédure, instruite devant des juges dont plusieurs n'ont pas de titres plus légitimes que ceux de l'accusé, n'en reste pas moins fort étrange.

Les bourgs soumis à une influence individuelle ou collective peuvent se ranger sous trois catégories.

1°. Ceux qui sont à vendre au plus offrant et dernier enchérisseur;

2°. Ceux qui peuvent être achetés, mais seulement par des candidats du même parti politique que le vendeur;

3°. Ceux que les grands propriétaires distribuent gratuitement à leurs parens, à leurs amis, ou aux hommes de talent qui peuvent donner de l'éclat à leur cause.

Vous serez peut-être bien aise, à cette occasion, de pénétrer un peu avec moi dans les secrets de la tactique ministérielle.

Parmi les propriétaires de bourgs il en est plusieurs qui, étant liés d'opinion ou d'intérêts avec le gouvernement, viennent lui offrir les voix qui leur appartiennent, soit gratuitement, soit en échange d'un certain nombre d'emplois publics à distribuer à leurs protégés, soit pour une somme inférieure à celle qu'ils seraient en droit d'attendre de tout autre acheteur. Vous croirez sans peine que les ministres accueillent et sollicitent avec empressement de pareilles propositions. Cela fait, ils commencent par assurer l'entrée gratuite de la Chambre des Communes à eux-mêmes et aux acteurs qui doivent figurer dans leur drame politique, puis ils revendent avec bénéfice, à des hommes riches de leur parti, le reste des bourgs qu'ils ont accaparés, et en rachètent d'autres avec les profits de ces premières reventes.

Georges III, m'a-t-on assuré, ne manquait jamais de contribuer de quelques milliers de livres sterling pris sur sa cassette, pour alimenter ce petit commerce électoral. Il ne s'en est abstenu qu'en 1806, sous le ministère de M. Fox, trouvant sans doute que l'occasion était belle pour faire des économies, et que c'était bien assez de se résigner à des ministres amis de la liberté, sans chercher encore à augmenter leur influence.

Je m'attends, de votre part, à une objection fort naturelle. Vous parlez, allez-vous me dire, de propriétaires de bourgs, d'hommes qui vendent, qui achètent, qui donnent des places au parlement. Mais quelque illusoires que soient de pareilles élections, les votans sont pourtant des êtres humains, des créatures douées d'intelligence et de libre arbitre. N'arrive-t-il jamais qu'ils aient un sentiment, une volonté propre, et qu'ils repoussent les candidats qu'on veut leur imposer?

Cela arrive en effet, quoique rarement; il en est de l'influence électorale comme de l'influence aristocratique en général : un long usage l'a consacrée, et le peuple anglais s'y soumet volontiers; mais c'est à la condition seulement qu'on ne heurtera ni de certains droits ni de certains sentimens des convenances morales. Pour peu que l'on franchisse la ligne de ce qui lui paraît légitime, on voit reparaître toute sa fierté et toute son indépendance native.

Je pourrais vous citer tel bourg, situé dans le parc même d'un grand seigneur, dont toutes les maisons lui appartiennent, et dont tous les votans, quoique dans sa dépendance presque absolue, n'en avaient pas moins secoué le joug de son influence, parce qu'ils désapprouvaient ses opinions et sa conduite. Ces mêmes votans ont été ramenés sous l'allégeance de son successeur, par la pente naturelle de leur respect pour son talent et pour ses vertus. D'autres grands seigneurs, au contraire, ne transmettront point à leurs héritiers l'immense clientelle qui est aujourd'hui soumise à toutes leurs volontés politiques.

Vous voyez donc que l'on commettrait une erreur en portant sur la question des bourgs clos un jugement par trop absolu. Cette question d'ailleurs est soumise, comme toutes les autres, à l'empire de l'opinion publique. Tel bourg obtiendrait l'assentiment général, en cherchant à secouer le joug; tel autre, au contraire, encourrait le blâme, et ses tentatives seraient considérées comme une espèce de rébellion. En voici un exemple :

La ville de Peterborough est une de celles où le droit de voter appartient à tous les citoyens payant *scot and lot*. Elle a de six à sept cents électeurs, plus par conséquent que maint département de la France, et pourtant elle est comptée parmi les bourgs de lord Fitzwilliam, soit parce qu'elle est située au milieu de ses terres, et que la presque totalité des maisons lui appartient, soit parce qu'une longue suite d'actes de bienveillance et de générosité l'ont attachée à la maison de Wentworth. Lors de la dernière élection, M. Scarlett fut le candidat présenté par lord Fitzwilliam aux électeurs de Peterborough. Un tel choix, l'honneur du barreau anglais, devait, à ce qu'il semble, être accueilli d'une voix unanime; cependant, contre toute attente, une opposition se déclara. Quelques personnes entreprirent de donner pour concurrent à M. Scarlett je ne sais quel homme obscur, dont les talens et le caractère étaient à mille lieues de pouvoir soutenir le parallèle. La victoire ne fut pas difficile contre un pareil adversaire; néanmoins il y eut une espèce de lutte, et M. Scarlett crut devoir haranguer le peuple du haut des *hustings*.

L'élection terminée, l'effervescence calmée, les habitans de Peterborough, ceux-là surtout qui avaient été le plus prononcés dans l'opposition, ne tardèrent pas à concevoir de l'inquiétude. Que ferait lord Fitzwilliam? Hausserait-il le prix des loyers? Priverait-il la ville de telle ou telle concession gratuite? En un mot, quelle vengeance tirerait-il de l'insurrection? Un sentiment de vengeance ne pouvait entrer dans une âme aussi élevée que celle de lord Fitzwilliam. Toutefois, le maintien de son influence électorale lui paraissait d'une trop grande importance pour qu'il crût pouvoir se dispenser de témoigner son mécontentement. Il éleva donc de quelques sous le péage d'un canal voisin de la ville de Peterborough, qu'il avait eu la générosité de maintenir jusqu'alors à un taux fort inférieur à celui de tous les autres canaux de l'Angleterre; et cette légère augmentation de droits, qui n'aurait peut-être jamais eu lieu sans la circonstance de l'élection, produisit dans sa fortune un accroissement de plus de 200,000 francs de revenu. A peine la résolution de lord Fitzwilliam fut-elle connue, que la ville lui envoya une députation pour le prier de la révoquer; mais il n'y consentit pas. « Messieurs, dit-il aux députés, « en cherchant à repousser l'illustre candidat « que je vous présentais, vous avez usé d'un « droit incontestable, et que je suis le premier « à reconnaître. En haussant le prix de mon « canal, j'use à mon tour d'une faculté légitime. « Tant que nous serons placés sur le terrain de « la bienveillance mutuelle, je tâcherai de ne « pas rester en arrière de bons offices; mais si « vous vous renfermez dans le domaine rigou-« reux du droit, ne vous étonnez pas que je suive « votre exemple. »

Que la prépondérance aristocratique soit exorbitante dans les élections de l'Angleterre, c'est ce que je crois impossible de contester. Il est certain qu'aujourd'hui même la majorité de la Chambre des Communes est nommée par un corps électoral qui ne s'élève guère à plus de huit mille personnes, dont la plupart sont dans une dépendance presque absolue d'environ cent cinquante familles, soit du parti ministériel, soit de l'opposition. Mais il n'est pas moins certain que le nombre total des citoyens actifs est plus considérable en Angleterre que dans aucun autre pays de l'Europe; que toutes les classes du peuple participent au mouvement, à l'intérêt, à la vie, dont le libre exercice des droits civiques est la source; et qu'à l'époque solennelle des élections, il n'est pas un esprit qui ne s'agite, pas un cœur qui ne batte pour le triomphe de sa cause. Comment expliquer cette contradiction apparente, si ce n'est par deux raisons fondamentales, la publicité des votes et la diversité des modes d'élection?

Cette diversité, loin d'être un inconvénient à mes yeux, me paraît au contraire le véritable remède des défauts qu'on peut reprocher au système électoral de l'Angleterre. Non seulement j'y vois l'image fidèle de tous ces contrastes de l'ordre social dont nous avons si souvent parlé; mais j'y trouve encore la ferme assurance qu'aucun homme vraiment digne de siéger dans le sénat n'en sera jamais exclu. C'est là une vérité trop méconnue de ceux qui n'ont pas bien étudié les faits. Ils voient des bizarreries, des injustices, de la corruption dans le système électoral aujourd'hui en vigueur; ils entendent dire qu'on en demande la réforme, et, par une conséquence assez naturelle, ils s'imaginent que beaucoup d'hommes, appelés au parlement par le vœu de leurs concitoyens, en sont repoussés par les vices d'un tel système. Il n'en est rien. Non seulement on peut dire que la Chambre des Communes représente d'une manière assez équitable les opinions des divers partis, mais je ne craindrais pas d'affirmer que tout citoyen anglais dont les talens et les lumières méritent une place dans le parlement, est certain de l'obtenir, s'il la désire, et de la conserver tant qu'il continuera à se rendre digne de l'estime publique.

Les intérêts de l'agriculture, comme ceux du commerce et de l'industrie, les vieilles habitudes, comme les idées nouvelles, sont assurés de trouver des organes. Le défenseur des traditions aristocratiques, l'ardent ami des innovations libérales, l'homme spécial, dont l'activité est concentrée sur un seul objet, le publiciste philosophe qui embrasse d'un coup d'œil impartial l'ensemble des intérêts de la communauté, tous ont leur place marquée d'avance dans la Chambre élective.

L'Amérique elle-même, la sage et libre Amérique n'offre pas à cet égard les mêmes garanties que l'Angleterre. En effet, la conséquence nécessaire d'un système uniforme d'élections, lors même qu'il est assis sur les bases les plus rationnelles, est de donner à la majorité, non pas seulement la prépondérance qui lui est due, mais le pouvoir absolu. Et l'on conçoit aisément comment telle aberration momentanée dans les opinions d'un peuple pourrait, tout aussi bien que telle combinaison machiavélique dans les mesures d'un gouvernement, exclure de la représentation nationale ces hommes, les premiers de tous dans l'ordre intellectuel, pour qui la recherche de la vérité est un besoin autant qu'un devoir, et qui savent se tenir au-dessus des passions populaires, comme des séductions de l'autorité. Or, les hommes de cette espèce; ceux qui débutent dans la carrière, aussi-bien que ceux dont le nom s'est déjà illustré, trouvent, dans la grande diversité des élections, et dans l'influence d'une aristocratie éclairée, la certitude de leur nomination.

C'est par cette influence que la plupart des grands hommes de l'Angleterre sont entrés pour la première fois au parlement : des amis puissans, discernant de bonne heure des talens encore inconnus du public, leur ont ouvert une carrière qui, pendant long-temps, peut-être, serait restée fermée pour eux, s'ils avaient été obligés d'attendre que leur réputation eût conquis les suffrages de leurs concitoyens. C'est par cette même influence qu'aujourd'hui encore les premiers orateurs de l'opposition, Mackintosh, Brougham, Scarlett, Abercromby, etc., siégent dans la Chambre des Communes, et l'on pourrait même soutenir, sans tomber dans le paradoxe, que, pour le bien général de l'Angleterre, il est préférable qu'ils y siégent à ce titre, que s'ils y avaient été portés par une élection de comté ou de grande ville. C'est par la méditation ou par l'éloquence que les hommes supérieurs sont appelés à servir leur patrie; et des rapports journaliers avec un trop grand nombre de commettans absorberaient un temps précieux que réclament des intérêts d'un ordre plus élevé. Ces détails d'affaires sont plus utilement placés entre les mains de grands propriétaires, que la gestion même de leur fortune privée met en relation habituelle avec une foule de citoyens, dont ils connaissent les intérêts, les vœux et les habitudes.

N'oublions pas ici une remarque essentielle; c'est que les meilleurs champions de la cause du peuple, les véritables interprètes de ses sentimens, ce ne sont pas des députés sortis de son sein, mais des hommes qui, indépendans par leur fortune et par leur position sociale, se sentent animés d'une ardeur généreuse pour la défense des droits du faible, et d'une vive sympathie pour les souffrances du pauvre. C'est sir Francis Burdett, c'est M. Bennet, ce sont des hommes issus des premières familles de l'Angleterre, qui élèvent la voix avec plus de force pour la défense de la classe laborieuse; ce sont eux qui, au sein même de la Chambre élective, protégent de pauvres journaliers contre les rigueurs d'un maître absolu, et qui couvrent jusqu'à de malheureux ramoneurs de l'égide toute-puissante du parlement. Un député pris dans les rangs inférieurs de la société aurait-il la même force, lors même qu'il serait porté à la Chambre par l'élection la plus libre? Non, sans doute.

L'exemple de la Suède est curieux en ce point. Les paysans, comme on sait, y forment un ordre à part dans la représentation nationale, et c'est toujours des paysans comme eux qu'ils sont tenus de choisir pour députés à la diète. Qu'en résulte-t-il? C'est que, dépourvus de l'expérience des affaires et du talent de la parole, leurs délégués se voient en quelque sorte forcés de voter de confiance avec la noblesse, et de se laisser diriger par son influence; tandis que des députés riches et éclairés assureraient aux délibérations de leur ordre l'indépendance de fait qui leur manque.

Ce qui importe au peuple, ce n'est pas d'être représenté dans telle ou telle proportion numérique, ou par des hommes plus ou moins rapprochés de la classe qui les choisit, mais c'est que sa voix soit entendue; c'est surtout que quelques élections démocratiques, en réunissant de grandes masses sur un seul point, lui fassent sentir sa force, et rappellent à ceux qui le gouvernent, qu'ils ne le braveraient pas impunément. Quant au plus ou moins grand nombre de réunions de ce genre, c'est une question que l'on peut trouver secondaire. Le mouvement salutaire d'une élection de Westminster n'est pas renfermé dans l'enceinte de la capitale; tout le peuple de la Grande-Bretagne en ressent la vibration.

Ne me prêtez pas pour cela, je vous prie, l'intention de défendre en principe la prépondérance de l'élément aristocratique dans les élections anglaises; rien n'est plus loin de ma pensée. Mais, en prenant les choses telles qu'elles sont, il est juste d'en présenter les avantages comme les inconvéniens; et il est prudent de se mettre en garde contre les généralités un peu banales qui abondent de l'autre côté de la question.

Vous serez peut-être curieux de connaître dans quelle proportion les opinions opposées se trouvent représentées par un système d'élections si bigarré. En voici le tableau, d'après la composition actuelle de la Chambre des Communes. Vous remarquerez toutefois qu'un calcul de ce genre, lors même que les données en sont justes, n'est pas susceptible d'une exactitude mathématique, et que d'ailleurs il est antérieur aux dernières combinaisons ministérielles.

Aujourd'hui, en effet, toute classification de la Chambre des Communes serait, en quelque sorte, impossible. Plusieurs nuances se sont confondues; plusieurs distinctions de parti se sont effacées; et c'est un trait fort honorable du caractère des whigs que l'empressement avec lequel ils ont encouragé l'administration par leurs suffrages, dès qu'ils l'ont vue disposée à adopter, dans les questions économiques surtout, une marche plus conforme aux intérêts de son pays, comme aux principes universels de la raison.

Des six cent cinquante-huit membres qui composent la Chambre des Communes, deux cents environ votent habituellement avec l'opposition; le reste appartient au ministère, en y comprenant quinze ou vingt voix neutres qui se portent d'un côté ou de l'autre, suivant leur conviction, mais qui, le plus souvent, soutiennent les mesures de l'administration.

Si nous analysons maintenant les différens genres d'élection, nous verrons que sur quatre-vingt-douze députés des comtés de l'Angleterre et du pays de Galles, cinquante-huit appartiennent au ministère, et quarante-deux à l'opposition.

Les villes et les bourgs fournissent quatre cent vingt-un membres dont cent vingt-un votent avec l'opposition.

Les élections de l'Écosse donnent trente-cinq voix au ministère, et dix seulement à l'opposition.

Enfin, sur les cent députés de l'Irlande, il n'y en a pas moins de soixante-dix-neuf qui sont soumis à l'influence du ministère.

En réduisant ces diverses fractions au même dénominateur, on trouve les rapports suivans :

Élections.	Opposition.	Ministère.
De comtés, dans l'Angleterre seule..........	45 centièmes.	55 centièmes.
D°. Dans l'Angleterre et le pays de Galles.......	42	58
Des villes et bourgs, d°..	31	69
De l'Écosse............	22	78
De l'Irlande..........	21	79

Vous remarquerez sans doute, d'après cette échelle de proportion, que le rapport du parti de l'opposition à celui du ministère diminue rapidement à mesure que les élections deviennent plus illusoires.

Deux calculs faits par lord John Russel et lord Milton établissent que, si l'on range les bourgs dans l'ordre de leur population, le nombre des députés ministériels est en raison inverse de celui des électeurs; en sorte que, pour les bourgs au-dessous de cinq cents habitans, le rapport du parti ministériel à l'opposition est de dix-neuf à un, tandis qu'il n'est plus que de trois à cinq dans les villes au-dessus de cinq mille âmes.

Ces calculs approchent de la vérité; mais je crois qu'on aurait tort d'en conclure que le résultat immédiat d'une réforme parlementaire fût un grand accroissement du parti whig dans la Chambre des Communes. Cette réforme deviendrait sans doute favorable à la cause de la liberté; mais ce serait plutôt en modifiant les rapports des députés avec la nation, qu'en changeant la composition même de l'assemblée. Je recommande cette idée fort simple à votre sagacité, parce qu'elle me paraît renfermer le vrai point de vue de la question.

LETTRE XV.

DE LA RÉFORME PARLEMENTAIRE.

C'est un fait digne de remarque, que presque tous les grands hommes d'État de l'Angleterre ont été plus ou moins partisans de la réforme parlementaire. Wyndham est, je crois, le seul qui se soit prononcé pour le maintien pur et simple des institutions, ou plutôt des coutumes existantes, et qui ait défendu hardiment la jouissance des bourgs clos, comme un droit de propriété. Burke a varié dans l'expression de ses sentimens à cet égard. Du reste, sans parler des temps de la république, nous voyons, à diverses époques et à divers degrés, lord Clarendon, lord Chatham, Pitt, Fox, etc., réclamer le changement du système électoral. Et, sans doute, puisqu'après s'être relevé à la restauration, ce système n'a pu être ébranlé dès-lors par des autorités si imposantes, et de si grands talens, il faut croire que ses racines sont plus profondes qu'on ne pense communément.

Aussi voyons-nous que la question de la réforme parlementaire, agitée avec bruit toutes les fois que quelque circonstance extraordinaire fait éprouver au peuple un malaise général ou partiel, retombe dans l'assoupissement aussitôt que le bien-être renaît. Et, parmi ceux-là même qui s'en occupent habituellement, il n'y a guère d'intermédiaire entre des utopies démagogiques, et des modifications si timides, qu'elles méritent à peine le nom de réforme; preuve certaine que les idées et les vœux n'ont encore rien de bien fixe à cet égard.

Vous avez souvent entendu parler des radicaux, de leur influence sur l'esprit de la populace, des efforts du gouvernement pour les étouffer, et vous avez pu croire alternativement la monarchie menacée par leurs succès, ou la liberté compromise par les mesures répressives dont ils ont été l'objet.

Ceci mérite une explication. La réforme radicale du parlement a des avocats de deux espèces fort différentes. Les uns sont des orateurs subalternes qui peuvent bien acquérir quelque importance en soulevant les passions, dans des momens de trouble ou de mécontentement, mais dont l'ambition, dans les temps de calme intérieur, se borne à colporter quelques lieux communs de républicanisme, d'une réunion populaire dans une autre, et à recueillir des applaudissemens par une peinture grossière, mais quelquefois vive et fidèle des abus de l'administration. Je vous en ai donné un échantillon dans Cobbett, que son talent d'écrivain met hors de pair. Hunt et ses acolytes, ceux qui agissent de bonne foi, comme ceux que l'on peut soupçonner de quelque intelligence secrète avec le gouvernement, ne méritent pas que nous nous arrêtions à discuter leurs opinions.

Non raggioniam di lor, ma guarda e passa.

Mais il est une autre classe de réformateurs radicaux d'une tout autre portée d'esprit, d'une tout autre importance, et dont je n'hésite pas à croire que l'influence fait des progrès. Je veux parler de la nouvelle école politique de Bentham, école qui compte dans son sein des publicistes instruits, des financiers exacts, des économistes du premier ordre, et qui, procédant d'après des principes nettement définis, a, sur plusieurs de ses adversaires, l'avantage que possède une théorie complète, lors même qu'elle serait erronée, sur l'explication isolée de faits qui ne sont rattachés à aucun système.

La réputation de Bentham, comme légiste, n'appartient point exclusivement à l'Angleterre; le continent peut en revendiquer sa part; car un interprète tel que Dumont est, en quelque sorte, un second inventeur. Mais ce qui n'est pas généralement connu, c'est qu'après avoir, dans sa jeunesse, appliqué la prodigieuse force analytique de son esprit à des démonstrations de jurisprudence, Bentham, redoublant d'ardeur républicaine, à une époque où les idées d'ordre prédominent habituellement sur les sentimens de liberté, est devenu, sur ses vieux jours, le chef, on devrait presque dire l'idole d'une secte politique. Cette secte a pour dogme fondamental l'intérêt personnel, quelquefois déguisé sous le nom de *principe d'utilité*, et ne vise à rien moins qu'à une refonte uniforme de l'ordre politique, comme de la législation civile et criminelle, dans le monde entier.

Je ne puis songer, dans une correspondance telle que la nôtre, à discuter philosophiquement les principes moraux sur lesquels reposent les théories des disciples de Bentham. Lors même que cette tâche ne serait pas au-dessus de mes forces, ce n'est point ici le lieu de l'entreprendre; mais je crois devoir parcourir en peu de mots, avec vous, la série de déductions par laquelle ils arrivent à la réforme du système électoral de l'Angleterre.

Le premier principe, disent-ils, sur lequel repose toute société, c'est que les actions des hommes sont conformes à leurs intérêts. La satisfaction de ces intérêts est le mobile qui les pousse au travail.

La société la plus heureuse est donc celle où chaque homme jouit de la plus grande part possible du produit de son travail. Mais comme tout homme livré à lui-même poursuit la recherche de ses intérêts aux dépens de ses semblables, jusqu'au moment où il est arrêté par un intérêt contraire, il est nécessaire d'organiser une force capable d'empêcher l'intérêt particulier d'empiéter sur l'intérêt général, ou, en d'autres termes, d'assurer le plus grand bonheur du plus grand nombre.

Tel est le but des gouvernemens. Le seul gouvernement parfait, s'il était praticable, serait la démocratie pure, parce que, dans ce cas, la société entière veillerait à la protection de ses propres intérêts. Mais comme dans une communauté dont chaque membre serait constamment occupé du soin des intérêts de tous, personne ne pourrait ni travailler, ni jouir du fruit de son travail, la démocratie pure serait contraire au but même de la réunion des hommes en société.

De là naît, pour la communauté, l'obligation de déléguer les pouvoirs.

Mais, dès que l'on confie des pouvoirs quelconques à une portion quelconque de la communauté, cette portion acquiert à l'instant même des désirs et des intérêts contraires à ceux du reste des citoyens ; il faut donc se mettre en devoir de lui résister.

Ici se présente une objection sans réplique. S'il est nécessaire, pour le bonheur de la société, qu'elle se constitue en état de résistance permanente à la minorité investie du pouvoir de gouverner, cette résistance de tous contre quelques uns sera d'autant plus facile, et la condition de la société sera d'autant meilleure que la minorité gouvernante sera moins nombreuse. L'oligarchie vaudra mieux que l'aristocratie, et la monarchie absolue sera bien préférable encore, puisque, dans ce cas, les intérêts de tous n'auront à lutter que contre les intérêts d'un seul individu. Cette belle conclusion, à laquelle Hobbes était déjà arrivé, ne laisse pas que de sembler étrange à des publicistes qui prétendent, non sans raison, à un ardent amour de la liberté; aussi ne s'y arrêtent-ils pas, tout en convenant qu'elle est la conséquence logique de leurs prémisses.

Après avoir montré par des raisonnemens faciles à entrevoir, comment la démocratie, l'aristocratie et la monarchie pure sont également impossibles à réaliser, ils examinent si la réunion de ces trois formes de gouvernement est praticable, et ils se prononcent encore pour la négative. Car si les pouvoirs sont égaux, ils seront en état de guerre; et s'ils sont inégaux, le plus fort ne tardera pas à anéantir le plus faible, d'après l'axiome consolant que chaque homme, lorsqu'il n'est pas retenu par une force majeure, poursuit indéfiniment l'accomplissement de ses désirs, au détriment de tous ses semblables.

La balance des pouvoirs n'est donc qu'une idée chimérique; et il n'est pas vrai, comme on l'a prétendu, que la constitution anglaise soit un heureux mélange des trois formes de gouvernement.

Mais s'il est impossible de mettre les pouvoirs en équilibre, la communauté peut du moins les contenir dans de certaines limites; et c'est le gouvernement représentatif qui offre la solution de ce problème.

Toutefois l'assemblée élective, par cela seul qu'elle formera un corps à part dans la nation, acquerra, *ipso facto*, des désirs et des intérêts différens de ceux de la généralité des citoyens; c'est un grand mal sans doute; mais, étant chargée de résister à d'autres minorités puissantes, il faut bien qu'elle soit investie de pouvoirs suffisans pour que sa résistance soit efficace.

Ne pouvant diminuer l'intensité des pouvoirs du corps représentatif, on doit au moins en réduire la durée, et les purifier fréquemment à la source d'une élection démocratique, afin de maintenir autant d'uniformité que possible entre les intérêts des députés et ceux de leurs commettans.

Les parlemens seront donc annuels.

Mais voici une nouvelle difficulté. Si l'on réélit habituellement les mêmes personnes, elles constitueront bientôt une aristocratie de fait, dont les intérêts deviendront opposés à ceux de la communauté. Si, au contraire, on est tenu de choisir des hommes nouveaux, comme l'avait voulu chez nous la Constitution de 1791, ces hommes seront sans expérience des affaires, et le corps résistant se verra privé par là de la force qui lui est nécessaire.

Dans ce dilemne, le bon sens pratique, dont aucune théorie ne saurait dépouiller entièrement des citoyens anglais, fait pencher la balance, et l'on se décide pour la rééligibilité.

Mais par qui seront élus les membres du corps résistant ? Ce corps devant, autant que possible, avoir les mêmes intérêts que la communauté, il est évident qu'il ne doit pas être élu par une minorité, puisque toute minorité a des intérêts différens de ceux de l'ensemble des citoyens. Il faut donc qu'ils soient nommés, ou par la communauté même, ou par des électeurs qui aient les mêmes intérêts que la communauté, c'est-à-dire en tout cas par la majorité des citoyens.

Ici, après avoir si souvent établi que la minorité cherche toujours à opprimer la majorité, on n'ose pas précisément nier que, par la même raison, la majorité ne puisse chercher aussi à opprimer le parti le moins nombreux ; mais voici comment on esquive l'objection.

En supposant que la majorité constitue seule le corps gouvernant, et qu'elle soit fort supérieure en nombre à la minorité, on trouve, par le calcul réduit à ses plus simples élémens, que l'intérêt que pourrait avoir cette majorité à l'établissement d'un régime oppresseur, représenterait pour chacun de ses membres quelque chose de moins que l'avantage d'opprimer un seul homme. Si la majorité devenait double de la minorité, le même intérêt ne représenterait plus pour chaque citoyen actif que la moitié du plaisir d'opprimer un de ses semblables ; et dans ce cas, les bienfaits d'un bon gouvernement, dont la jouissance est commune à tous, l'emporteraient, chez les membres de la majorité, sur les avantages des abus dont ils auraient la jouissance exclusive.

Voilà l'argument dans toute sa naïveté ; de peur de le dénaturer, j'ai emprunté presque textuellement les paroles des organes officiels de la nouvelle secte; mais vous n'exigerez pas que je les réfute.

Lorsque l'on raisonne dans le système de la souveraineté du peuple, l'empire de la majorité n'est que l'expression d'un fait incontestable, celui de la force du nombre; et comme ce système reconnaît dans chaque citoyen des droits imprescriptibles, inhérens à la nature même de l'homme, le remède aux atteintes que la majorité voudrait porter à ces droits, se trouve dans la faculté laissée à la minorité de se séparer, et de former une communauté nouvelle.

Lorsqu'on fait remonter la souveraineté à sa véritable origine, lorsqu'on la dérive de la source éternelle de la raison et de la justice, la soumission de tous aux lois votées par la majorité est un hommage rendu au principe même de la souveraineté; elle présuppose une discussion libre dans laquelle les bonnes raisons l'ont emporté sur les mauvaises.

Mais dans un système absolu de matérialisme politique, où l'on établit en principe que chaque homme fera toujours à ses semblables tout le mal qu'on ne l'empêchera pas de leur faire, où la corruption de la nature humaine, au lieu d'être un motif de confusion et d'humilité devant Dieu, devient la base même sur laquelle on prétend élever l'édifice de la société; dans un système, en un mot, dont l'intérêt personnel est le dogme fondamental, à quel titre exigera-t-on d'une minorité quelconque qu'elle se soumette au vœu du plus grand nombre ? A quelle loi en appellera-t-on pour l'y contraindre ? Est-ce au droit naturel ? On le nie. Est-ce à la loi morale ? On la sape par ses fondemens. Est-ce à la loi religieuse ? On la met hors de cause par un silence plus poli que respectueux.

Mais ne nous engageons pas dans cette discussion, et revenons à la composition du corps électoral.

Ici, l'école se divise. Les plus hardis et les plus conséquens réclament le suffrage universel, sans excepter même les femmes. D'autres, plus timides, ou plus amis des idées pratiques, apportent quelques restrictions à ce principe. Ils commencent par exclure les femmes et les jeunes gens au-dessous de vingt-un ans, en établissant gratuitement que leurs intérêts ne sauraient différer de ceux de leurs maris ou de leurs parens. Quelques uns même ne feraient pas difficulté de restreindre le droit de voter aux hommes de quarante ans, en supposant, plus gratuitement encore, que ces hommes, ayant des pères et des enfans, ne feraient que des lois avantageuses pour tous les membres de la communauté, au-dessus comme au-dessous de leur âge. D'autres enfin, et de ce nombre est le chef même de la secte, n'admettent à l'exercice des droits politiques que les citoyens sachant lire et écrire; mais les argumens sur lesquels ils se fondent à cet égard, et que j'adopterais volontiers, n'en sont pas moins inconséquens à leurs principes fondamentaux. Quant aux conditions pécuniaires, ils sont assez généralement d'accord de les repousser, d'après ce raisonnement, qu'une condition élevée établirait l'aristocratie, et qu'un cens très modique n'offrirait pas plus de garantie que l'absence totale de conditions.

Voilà l'esquisse du système. Vous entrevoyez mieux que moi combien il serait aisé de le combattre, en attaquant, comme on le doit, le principe moral sur lequel il repose. Mais la tâche devient plus difficile, lorsqu'on accorde les prémisses, et qu'on ne conteste que les conséquences. De là vient l'avantage qu'ont souvent les écrivains de l'école de Bentham sur ceux des publicistes anglais qui, en admettant le principe de l'utilité, défendent la constitution de leur pays, dans l'intérêt même du peuple.

Nous convenons, disent ceux-ci, que l'utilité du plus grand nombre est le but de toute institution politique; mais nous prétendons que les institutions actuelles sont plus utiles à la majorité que celles qui résulteraient du suffrage universel. Vous êtes inconséquens, répondent les disciples de Bentham; car, s'il est vrai que les institutions dont vous prenez la défense soient les plus utiles à la majorité, la majorité ne manquera pas d'en demander le maintien; qu'avez-vous donc à redouter d'une élection démocratique? Si vous vous refusez à cette épreuve, ne sommes-nous pas en droit d'en conclure ou que vous vous trompez, ou que vous êtes de mauvaise foi? Cette argumentation n'est certainement pas sans quelque force. Mais pourquoi? Parce que les adversaires de la politique de Bentham ne remontent pas assez haut pour la combattre; et que, d'après les lois éternelles de l'esprit humain, une doctrine, même erronée, lorsqu'elle est liée dans son ensemble, doit l'emporter sur l'absence de doctrine.

L'exemple des États-Unis est la réponse habituelle de Bentham et de ses disciples, à ceux qui, par un motif quelconque, repoussent leurs innovations, comme dangereuses ou impraticables. Mais sont-ils en droit de s'appuyer de cet exemple? C'est ce dont je suis, pour ma part, d'autant moins disposé à convenir, que j'ai plus de respect et d'admiration pour les États-Unis.

Libre, forte et heureuse, l'Amérique s'occupe peu de théories politiques; la démocratie est son élément naturel; elle jouit de la liberté sans contestation, comme de l'air qu'elle respire, comme du vaste territoire qui offre une carrière sans bornes à l'activité courageuse de ses enfans. Mais n'oublions pas que, préparée à la liberté par les mœurs et par les lois de l'Angleterre, lorsqu'elle a rompu le fil qui l'unissait à la métropole, elle n'a point eu à refondre son organisation sociale, d'après tel ou tel principe philosophique. Quand elle a réclamé l'indépendance, quand elle l'a conquise par une lutte sans pareille dans les annales du monde, le dogme aride de l'utilité n'a point été son étendard; je doute qu'il fasse jamais des héros. C'est au nom des droits de l'homme qu'elle a combattu; c'est le principe de la souveraineté du peuple qui a présidé à son organisation fédérale; en un mot, ses doctrines politiques sont les mêmes qu'a adoptées plus tard l'Assemblée Constituante. Et, bien que je les croie attaquables sur plus d'un point, à Dieu ne plaise que je les confonde avec l'épicuréisme politique dont je vous ai signalé quelques traits.

L'école de Bentham n'a donc point de droit à citer l'autorité des États-Unis à l'appui de son système; mais en tant qu'elle recommande l'exemple de l'Amérique à l'attention des publicistes et des hommes d'État, en tant qu'elle combat les déplorables préjugés qui, sur ce point, sont encore si communs en Angleterre, elle fait un bien réel auquel tous les hommes impartiaux doivent rendre hommage.

LETTRE XVI.

RÉFORME PARLEMENTAIRE. — SUITE DE LA PRÉCÉDENTE.

Après vous avoir indiqué dans ma dernière lettre les traits principaux du système de Bentham, il me resterait à vous parler des moyens d'exécution par lesquels il se propose de le mettre en vigueur ; mais vous me dispenserez d'entrer dans beaucoup de détails à cet égard, quand vous saurez que le simple canevas de son projet de loi occupe plus de cinquante pages.

On retrouve dans cet écrit quelques traces de la sagacité énergique de son esprit, à côté de conceptions extravagantes ; mais l'on est surtout frappé d'un contraste bizarre entre cette confiance théorique pour qui la refonte de l'ordre social semble n'être qu'un jeu, et des précautions minutieuses qui n'ont pu être dictées que par une préoccupation excessive des mœurs et des institutions de l'Angleterre ; tant les esprits les plus entreprenans sont dominés à leur insu par le pouvoir de l'habitude.

Il est un point du système de Bentham sur lequel je dois pourtant appeler votre attention, parce qu'il coïncide avec une opinion malheureusement trop répandue en France chez certains amis de la liberté, opinion qui, tant qu'elle ne sera pas détruite, ne saurait permettre que nos institutions politiques acquièrent aucune force, aucune vie réelle. Aussi les amis du pouvoir se gardent-ils bien de la combattre, pour peu qu'ils soient avisés sur leurs intérêts. Je veux parler du secret des votes.

L'élection au scrutin secret est une partie essentielle du système de Bentham, pour deux raisons. D'une part, il redoute l'influence des supériorités sociales, celle des propriétaires sur les fermiers, des maîtres sur les domestiques, des magistrats sur les administrés. De l'autre, il veut épargner aux citoyens la peine de se rendre au lieu de l'élection, et leur ménager la faculté d'envoyer leurs votes cachetés, par la poste ou autrement; car tout déplacement est une perte de temps et une gêne, et toute gêne répugne au principe de l'utilité.

A ceci il n'y a rien à répondre, si ce n'est que tout peuple qui considère l'élection de ses représentans comme une charge doit renoncer à la liberté. Si l'exercice de vos droits civiques vous pèse, s'il n'est pas pour vous un bonheur autant qu'un devoir, s'il ne fait pas battre votre cœur d'une émotion généreuse, courbez la tête sous le joug, vous ne manquerez pas de maîtres pour vous conduire; ou réfugiez-vous dans le domaine des abstractions, étudiez les mathématiques; mais n'ayez pas le vain espoir de goûter les jouissances de la liberté : *multo majoris alapæ veneunt.*

Il est juste au reste de reconnaître qu'il y a chez les disciples de Bentham une heureuse inconséquence entre les doctrines et les sentimens : car peu d'hommes ont une ardeur plus sincère pour la liberté, et sont prêts à y faire plus de sacrifices.

En réclamant le secret des votes, Bentham ne se dissimule pas à quel point il est difficile de l'obtenir. Plusieurs de nos libéraux se figurent bonnement qu'il suffit pour cela d'un article de loi et d'un grand écran de carton entre le président du collége et l'électeur qui vient écrire le nom d'un candidat. Ils se persuadent que tout est dit, lorsqu'on est parvenu à glisser adroitement son bulletin dans l'urne, sans que personne ait pu le lire derrière votre épaule. Mais Bentham, au milieu de ses utopies, n'est pas si étranger aux notions pratiques. Il sait par quels moyens innombrables on peut s'assurer des votes avant, pendant et après l'élection; il sait combien il est facile au pouvoir de rendre illusoires à cet égard toutes les mesures législatives; aussi auriez-vous peine à croire toutes les précautions minutieuses auxquelles il a recours.

Il lui faut d'abord une boîte secrète où seront déposés les noms des candidats. Cette boîte sera semblable à une couche de jardin; elle aura deux pieds de long, un pied de large, quinze pouces de profondeur dans un sens, douze dans un autre. Une des faces sera éclairée par une plaque de verre dépoli qui admettra le jour sans laisser distinguer les objets; les faces latérales seront percées d'un trou assez grand pour y passer la main et l'avant-bras. La face supérieure sera munie d'un petit verre transparent qui permettra à l'électeur de lire les noms des candidats inscrits d'avance sur des bulletins renfermés dans divers compartimens. Ces bulletins seront composés de deux morceaux de carton d'égale grandeur, joints par une charnière; le nom du candidat sera inscrit sur un de ces cartons, dont les surfaces extérieures seront noires; en sorte que les deux cartons étant superposés, il n'y aura pas moyen d'apercevoir le nom écrit à l'intérieur.

Viennent ensuite une boîte de fer-blanc, pour recevoir les bulletins, puis des planches stéréotypes, puis des affiches de toutes couleurs, et je ne sais combien d'autres puérilités dont le respect qu'inspire le nom de Bentham aurait peine à vous empêcher de sourire.

Après avoir élevé à grand'peine ce château de cartes, il ne se dissimule pas qu'un souffle peut le renverser, et que rien n'est plus facile que d'obtenir des électeurs la connaissance immédiate ou l'aveu détourné de leur vote. Mais il espère parer à cette difficulté en leur faisant signer une déclaration ainsi conçue :

« Je promets solennellement de ne jamais di-
« vulguer, de ne jamais faire connaître, directe-
« ment ou indirectement, à qui que ce soit, pour
« ou contre quel candidat j'ai voté.

« Si aucune parole m'était adressée, s'il m'était
« fait une question ou un signe, dans la vue de
« connaître mon vote, je considérerai cette
« question, cette parole ou ce signe comme des
« tentatives d'oppression.

« Je déclare donc par la présente, qu'étant
« placé sous le coup d'une telle oppression, on
« ne doit pas attacher plus de confiance à rien
« de ce que je pourrais dire, qu'à la réponse que
« j'adresserais à un voleur de grand chemin, ou
« à un aliéné, pour sauver d'une destruction
« immédiate ma vie ou celle d'une personne qui
« me serait chère.

« Qu'importe, ajoute Bentham, ce que dit un
« homme, si aucune de ses paroles ne peut faire
« impression sur l'esprit d'un autre? Quand le
« vote d'un électeur n'est connu que de lui seul,

« il lui est non seulement facile de le tenir se-
« cret, mais absolument impossible d'en trans-
« mettre la connaissance à qui que ce soit. Je
« puis bien dire à monsieur un tel : j'ai voté pour
« vous, et je suppose même que ce soit la vérité;
« mais comment ce monsieur un tel saura-t-il
« que j'ai dit vrai? Il n'a pas plus de moyen de
« s'en convaincre, qu'il n'en aurait de discerner
« la vérité, si j'avais affirmé le contraire. »

Voilà de grandes pauvretés, me direz-vous. Oui, sans doute; mais ce qui est sérieux et funeste, c'est le sophisme qu'elles recèlent; c'est l'idée de faire du mensonge d'une part, et de la méfiance de l'autre, les garanties d'une constitution démocratique; c'est de croire qu'on puisse former les hommes à la liberté, en encourageant chez eux cette lâcheté politique, cette peur d'avouer son opinion à la face de ses semblables, qui est mille fois plus funeste à la liberté que les violences d'un conquérant, ou les ruses d'un despote.

Remarquons ici, qu'en réclamant le secret des votes, les partisans du suffrage universel tombent dans la plus étrange contradiction, soit qu'ils se rangent aux doctrines de Bentham, soit qu'ils adoptent celle de la souveraineté du peuple. D'une part ils déifient le public, ils accordent à l'universalité des citoyens la suprême science, l'infaillibilité politique et morale; de l'autre, ils déclarent ces mêmes citoyens incapables du moindre courage, de la plus petite résistance aux menaces ou aux intrigues du pouvoir. Aucun peuple ne mérite ni ce culte superstitieux, ni cette injurieuse méfiance.

Les partisans du vote secret oublient d'ailleurs que le grand bienfait d'une élection libre est moins de porter tel ou tel nom à la députation, que de mettre les citoyens en contact, que de ranimer leur patriotisme, que d'électriser, par l'entraînement de l'exemple, ceux qui, abandonnés à eux-mêmes, retomberaient sous l'empire de l'égoïsme et de l'apathie.

Attendez, ai-je ouï dire à quelques uns, la nation n'est pas mûre pour ce que vous exigez d'elle. Un jour, peut-être, elle acquerra le courage civil qui lui manque; aujourd'hui le vote public serait trop favorable à l'influence déjà exorbitante du pouvoir. Certes, les dernières élections ont dû nous prouver du moins que le pouvoir s'accommodait fort bien du vote secret; mais d'ailleurs ce courage civique, dont on attend la venue pour commencer à bien faire, quand pourra-t-il se développer, si jamais il n'est mis à aucune épreuve, s'il ne trouve aucune occasion de se produire? Que dirait-on d'un général qui, chargé de former de jeunes soldats au métier des armes, les enverrait se cacher dans les casemates, aussitôt que le feu de l'ennemi se ferait entendre ? C'est pourtant là ce qu'on nous propose.

D'ailleurs, et ceci tranche la question, le secret des votes, dans une élection politique, est une pure chimère. Lorsqu'il s'agit de quelque nomination sans importance et sans relation nécessaire avec l'ensemble des opinions des votans, je conçois, jusqu'à un certain point, que l'on puisse ignorer la couleur de la boule que chacun d'eux a déposée dans l'urne ; mais l'élection d'un représentant est le résumé des sentimens et des idées d'un électeur. Pour que son vote fût réellement secret, il faudrait qu'il pût s'interdire toute conversation, non seulement sur la politique, mais sur rien de ce qui s'y attache de près ou de loin. Dites-moi ce que tel homme pense d'un seul des intérêts de sa patrie et de l'humanité, et je vous dirai s'il votera pour Brougham ou pour lord Lowther, pour La Fayette ou pour le candidat du ministère. Ce que je sais, le gouvernement a mille manières de le savoir, et la conscience des électeurs timides lui sera d'autant plus livrée qu'ils se sentiront moins encouragés par les applaudissemens, et moins contenus par la crainte du blâme de leurs concitoyens. Repoussons donc un préjugé absurde autant que funeste, et ne cessons de répéter que liberté et publicité sont deux mots, sont deux idées, sont deux sentimens inséparables.

Mais je dois prévenir un reproche auquel je m'attends de votre part. Vous m'entretenez depuis long-temps, allez-vous dire, des spéculations philosophiques de l'école de Bentham, et vous ne me dites rien des plans de réforme qui ont déjà été maintes fois l'objet d'une discussion réelle dans le parlement. Après m'avoir indiqué les utopies des radicaux, faites-moi connaître les idées pratiques des whigs.

A cet égard, je dois l'avouer, je ne me sens pas une entière liberté d'esprit, et j'ai peut-être à craindre d'être influencé à mon insu par l'amitié dont m'honorent quelques uns des hommes éminens de ce parti. Toutefois le goût de la vérité, pour peu qu'on l'ait éprouvé, est une séduction plus puissante que toutes les autres, et je vous dirai franchement ma pensée.

Lord John Russel était doublement appelé, et par son nom et par son talent, à se rendre l'organe des whigs dans une question de cette importance. On peut donc en quelque sorte considérer ses idées sur la réforme comme l'expression officielle des vœux de son parti.

Le plan qui porte aujourd'hui son nom consisterait à réduire à un seul membre la députation des cent plus petits bourgs qui, maintenant, en nomment deux, et à transférer ces cent nominations aux électeurs de comté, sans que le mode d'élection subît du reste aucun changement essentiel.

A quelques modifications près, le même plan de réforme s'était déjà produit à différentes époques, et avait eu pour avocats des hommes d'opinions fort diverses. Cromwell, dans son parlement, avait supprimé les petits bourgs, et considérablement augmenté le nombre des membres de comté; et, ce qui est bizarre, c'est que lord Clarendon, dont les principes torys ne sont pas suspects, donne son approbation à cette réforme. Était-ce inconséquence de sa part? ou faut-il croire que, guidé par un instinct aristocratique, il soupçonnait qu'une pareille innovation pourrait bien être moins favorable à la démocratie en réalité qu'en apparence? J'avoue que cette dernière explication me paraît la plus probable.

Plus tard, lord Chatham et son fils après lui ont été d'avis d'ajouter à la Chambre des Communes cent membres de comté. En 1790, Flood a proposé la même addition, en demandant que les nouveaux députés fussent élus par tous les propriétaires de maisons, quelle que fût la nature de leur titre. Et c'est toujours à une augmentation des membres de comté que se sont attachés les hommes éminens du parti whig qui, dès-lors jusqu'aujourd'hui, ont réclamé la réforme parlementaire.

Une telle réforme atteindrait-elle son but? A-t-elle même un but bien déterminé? C'est sur quoi les opinions peuvent différer.

Je conçois que l'on apporte de la prudence, de la timidité même à changer rien de ce qui existe depuis long-temps. Une institution, fût-elle vicieuse, fût-elle contraire à la raison, mérite quelques ménagemens, par cela seul qu'elle a duré. D'une part elle a donné naissance à des intérêts et à des droits qui veulent être respectés; de l'autre on peut dire que le cours des choses parvient quelquefois à pallier dans la pratique les inconvéniens des plus mauvaises lois, et qu'il y a dans l'intelligence humaine, comme dans la nature, une sorte de force réparatrice qui corrige les vices des institutions. Je comprends donc, sans la partager, l'opinion de ceux qui se prononcent pour le maintien des usages existans. Mais lorsqu'on veut opérer une réforme, il faut nécessairement agir d'après une théorie rationnelle: on peut bien faire des concessions aux circonstances, mais le principe ne doit pas cesser de nous servir de boussole.

Or, c'est précisément ce principe que j'ai peine à reconnaître dans le plan que je viens de vous indiquer.

D'une part, les torys défendent les priviléges et les abus électoraux comme un droit de propriété; de l'autre, les radicaux réclament le suffrage universel et la souveraineté du peuple. Les whigs repoussent à la fois ces deux systèmes, mais sans y en substituer un troisième; ils se contentent de suivre une ligne intermédiaire, de faire, pour ainsi dire, une cote mal taillée entre les deux extrêmes. Ils ne contestent pas la souveraineté du peuple : ils l'adoptent même en principe, ou plutôt ils n'examinent pas à quel principe cette doctrine se rattache; mais, trop raisonnables ou trop peu hardis pour la suivre dans ses conséquences, ils se contentent d'un à peu près, et voient dans la réunion des électeurs de comté une sorte de suffrage universel au petit pied.

Mais ces quarante shellings de revenu qui constituent un électeur de comté, qu'est-ce qu'ils représentent ? Quelle est la force morale ou matérielle dont ils sont le signe visible ? Est-ce la propriété foncière, par préférence à toute autre ? est-ce la propriété en général ? est-ce le nombre ? est-ce la capacité qui fait présumer un certain degré de fortune ? Voilà des questions qui vaudraient bien la peine d'être examinées, et je ne sache pas qu'elles l'aient été d'une manière satisfaisante.

Personne n'a moins de goût que moi pour la mode trop commune chez nous de faire de la métaphysique politique à tout propos, et de reprendre à chaque instant l'ordre social *ab ovo*. Toutefois, lorsqu'il s'agit de modifier l'essence même du gouvernement, encore faut-il que la philosophie nous éclaire sur le but et sur les moyens. Tant qu'un système représentatif répond aux besoins de la société, on peut bien le considérer comme un fait, sans en approfondir les principes, et sans rechercher quelle est l'origine du droit d'élire. Mais quand des réclamations s'élèvent, quand arrive le moment de détruire des priviléges abusifs, ou de constater des droits nouveaux, il devient indispensable de remonter à la source du pouvoir politique, et de reconnaître en principe qu'il appartient légitimement à ceux qui sont capables de l'exercer.

Dès que l'on a admis une vérité à la fois si simple et si féconde, il ne s'agit plus que d'examiner où la capacité se rencontre, et à quels caractères extérieurs on peut la distinguer ou la présumer ; car là où est la capacité, là est aussi le droit : et là où n'est point la capacité, le droit devient illusoire ou abusif. Ce qu'il faut donc, avant tout, c'est de constater quels sont les portions de la communauté dont les progrès et le développement méritent une part plus ample dans la représentation nationale. En suivant ce principe, on pourra sans doute se tromper encore; mais du moins on ne marchera pas à tâtons.

Toute réforme politique a pour but, ou d'échapper à un danger prochain, ou de satisfaire à des besoins durables et légitimes, c'est-à-dire, dans ce cas-ci, ou de se prémunir contre l'invasion violente d'un parti révolutionnaire, ou de rendre plus équitable la représentation des intérêts et des vœux de toutes les classes de citoyens.

L'augmentation des députés de comté remplirait-elle l'une ou l'autre de ces conditions? Je ne le crois pas, et la raison en est simple; c'est que, dans l'état actuel des mœurs et des propriétés en Angleterre, les élections de comté, bien que revêtues des formes de la démocratie, sont essentiellement aristocratiques, dans leur esprit comme dans leurs résultats. En vain me dirait-on que des mesures seraient prises dans le plan de réforme, pour rendre les élections moins dispendieuses, et par conséquent accessibles à un plus grand nombre de candidats: je répondrais que, pendant long-temps, les habitudes et la mode resteraient, à cet égard, plus puissantes que les lois.

Or, s'il est reconnu d'une part que l'assemblée représentative doit être, autant que possible, l'image fidèle du pays; et si, de l'autre, on doit convenir que le progrès des lumières et de la richesse est beaucoup plus rapide dans les classes moyennes que dans la noblesse, et que, même en Angleterre, l'aristocratie n'échappe pas à l'espèce de stérilité dont elle est frappée dans le monde entier, il demeurera constant qu'une réforme parlementaire qui accroîtrait l'influence aristocratique, au lieu de faire une part plus large au commerce et à l'industrie, serait loin de répondre aux besoins réels de la nation.

Il y aurait de ma part une présomption puérile à tracer ici un plan de réforme d'après mes propres idées; mais, ce que je crois pouvoir dire avec assurance, c'est que le but vers lequel on doit tendre en Angleterre, est d'augmenter l'influence politique des classes moyennes.

Et, sous ce rapport, sans rien changer aux droits dont jouissent aujourd'hui les électeurs de comté, les nouvelles nominations qui seraient à faire dans l'hypothèse de la réduction du nombre des bourgs, me paraîtraient pouvoir être utilement confiées à des électeurs dont on exigerait un cens plus élevé, dans lequel la richesse mobilière serait admise en concurrence avec la propriété foncière. Cette innovation semble indiquée dans un pays où les capitaux forment une si grande portion de la fortune publique; et, en plaçant le pouvoir électoral entre les mains de citoyens plus riches et plus éclairés, elle offrirait, je crois, un moyen simple, aussi-bien qu'efficace, de détruire la corruption, et de diminuer les dépenses exorbitantes qu'entraînent les élections actuelles.

Une réforme de ce genre serait non seulement la plus équitable en temps de calme; elle serait encore la plus prudente en temps de révolution. Car si jamais, ce qu'à Dieu ne plaise, des factions turbulentes menaçaient l'ordre public en Angleterre; si les classes pauvres, poussées par une fureur démagogique, se précipitaient à la dépouille des premiers rangs, l'aristocratie serait impuissante pour se défendre par ses propres armes, et la classe moyenne pourrait seule parler au peuple, avec autorité, le langage de la justice et de la raison.

LETTRE XVII.

SÉANCES DU PARLEMENT. — CHAMBRE DES COMMUNES.

Si, sur divers points de la philosophie politique, les idées de nos publicistes ont plus de justesse et d'étendue que celles des publicistes anglais, ceux-ci retrouvent leur supériorité dès que l'on rentre dans le domaine de la pratique; et c'est surtout dans la conduite des débats parlementaires que cette supériorité se fait remarquer.

Pendant mes divers séjours en Angleterre, j'ai négligé peu d'occasions d'assister aux séances de la Chambre des Communes ou de la Chambre des Pairs, et je ne connaîtrais pas de plus grand plaisir, si la jouissance n'en était pas troublée pour moi par un triste retour sur nous-mêmes. Et en effet, nos assemblées sont dans une si mauvaise voie, les vices de notre système de délibération publique sont si multipliés, que lorsqu'on l'a une fois comparé avec un meilleur modèle, il s'y attache non seulement un blâme raisonné, mais une sorte de ridicule, que l'éloquence même de nos premiers orateurs ne parvient pas toujours à faire oublier. A cet égard nous sommes sans excuse; nous ne saurions alléguer d'anciennes lois, des usages consacrés par le temps. Quels que soient les grands mots vides de sens que l'on puisse débiter à cet égard, notre gouvernement représentatif actuel n'est qu'une imitation de l'Angleterre : il est donc impardonnable, ou d'avoir mal copié, ou de s'être écarté sciemment des règles et des usages dont la sagesse était le mieux éprouvée.

Un premier fait incontestable, c'est que le parlement anglais vote maintenant de quatre à cinq cents lois par session, et que, dans le même espace de temps, nous pouvons à peine en adopter quinze ou vingt. Cependant nos projets de loi ne sont soumis qu'à une seule discussion, presque toujours interrompue par des votes de clôture, tandis que les bills du parlement ont à subir l'épreuve de trois débats ou *lectures* distinctes, et que la lettre des réglemens offre à l'opposition près de quinze manières différentes d'arrêter dans sa marche une proposition législative.

Un second fait qui n'est pas moins certain, c'est que, malgré la déplorable lenteur de la marche de nos assemblées, les lois y sont toujours rédigées à la légère, et votées tumultuairement. Quiconque a suivi les débats de notre chambre élective a pu se convaincre qu'ils passent presque sans transition d'une pédanterie académique à une violence révolutionnaire; et, au milieu d'une nation justement célèbre pour l'élégance de ses mœurs et l'urbanité de ses manières, il a dû s'étonner de voir les partis opposés s'accabler réciproquement des plus grossières injures, et les orateurs interrompus à chaque instant par des clameurs brutales, sans que jamais la discussion se maintienne dans ce ton à la fois énergique et modéré qui fait le caractère distinctif des assemblées anglaises.

Que conclurons-nous de là? Nous joindrons-nous à nos détracteurs, français ou étrangers, pour abdiquer les plus beaux titres de la race humaine, et nous déclarer incapables de la liberté? A Dieu ne plaise que j'accueille jamais cette absurde calomnie : elle serait hautement démentie par les progrès que fait chaque jour notre nation, en dépit de son gouvernement. D'un autre côté, peut-on dire que nos troubles civils et les haines que la révolution nous a léguées soient une explication suffisante du triste spectacle que présentent souvent nos assemblées délibérantes? et serait-on en droit de soutenir que, dans des circonstances pareilles, des Américains ou des Anglais ne feraient pas mieux que nous?

Sans doute il faut bien convenir que de toutes les situations politiques, celle qui rend le plus difficile le maintien de l'ordre dans les délibérations, c'est la combinaison d'un ministère asservi aux caprices d'une majorité ignorante et passionnée avec une opposition trop peu homogène, et trop éloignée de toute chance d'arriver au pouvoir, pour qu'elle veuille s'imposer une discipline régulière, sous des chefs reconnus pour tels. Mais, tout en admettant ce fait incontestable, il faut bien admettre aussi que notre éducation parlementaire est encore dans la plus grande imperfection, et que les formes mêmes adoptées jusqu'ici par nos assemblées opposent un obstacle presque invincible aux progrès que nous pourrions faire en ce genre.

Westminster et ses deux vastes édifices sont pour l'Angleterre ce que le Forum et le Capitole étaient pour Rome. Les traditions du passé dans toute leur magie, les intérêts du siècle dans toute leur vigueur, y sont concentrés. C'est là que repose la cendre des héros et des poètes, c'est là qu'une génération nouvelle s'élève pour les remplacer un jour; c'est là que les cours suprêmes rendent leurs arrêts, et que le parlement règle le sort de l'Angleterre et du monde. L'imagination, comme les regards, se trouve sans cesse ramenée vers ces monumens tout chargés des souvenirs de l'histoire, et le pouvoir même de l'habitude n'affaiblit pas le respect et l'émotion qu'on éprouve en s'en approchant.

On traverse la salle immense où se réunit la Chambre des Pairs, lorsqu'elle siége, comme cour de justice, dans les procès d'*impeachment*. C'est là que Strafford a succombé; c'est là que Charles Ier a entendu sa sentence; c'est là que naguère encore a retenti l'éloquence de Burke et de Whitbread, dans les débats contre Hastings et contre lord Melville. Cette salle est constamment ouverte au public; elle sert d'antichambre aux trois cours de justice distribuées autour de son enceinte. Nulle décoration moderne n'en altère la majesté; le plafond même, quoique en bois, a toujours été réparé dans le style gothique, et en conserve rigoureusement le caractère.

De là un escalier fort simple conduit au vestibule de la Chambre des Communes, petite pièce dépourvue de tout ornement, et où se rencontrent pêle-mêle des députés qui entrent et qui sortent, des gens d'affaires qui viennent s'enquérir du sort d'un bill, d'autres qui prennent des membres du parlement au passage, pour les prier de leur affranchir quelques lettres par leur signature; des curieux, des oisifs, et jusqu'à des marchands d'oranges; car les oranges remplacent, pour les orateurs du parlement, les verres d'eau sucrée de notre tribune. C'est dans ce vestibule que se retire la majorité ou la minorité, lorsqu'il y a division de la Chambre, et que l'on compte les voix; c'est là que le malheureux Perceval a été frappé par son assassin.

Deux vieux huissiers en frac noir, assis sur une escabelle de chaque côté de la porte, sont les seuls gardiens de cette Chambre des Communes, dont la puissance embrasse les deux hémisphères. L'aspect d'aucune baïonnette ne vient offenser les regards, et l'idée d'un président marchant au son du tambour, paraîtrait bouffonne à ceux qu'elle ne révolterait pas comme inconstitutionnelle. L'introduction pompeuse de nos ministres ne semblerait pas moins étrange. L'orateur, comme représentant officiel des priviléges de la Chambre, est le seul dont l'entrée soit accompagnée de quelque cérémonial; il marche précédé du sergent aux armes et de la masse, et suivi d'un officier de la Chambre qui porte la queue de sa robe, et n'a, je crois, pas d'autre fonction, sans que pourtant cette charge soit, que je sache, comptée parmi les sinécures.

Rien de plus bizarre et de plus inattendu que le spectacle de l'intérieur de la Chambre des Communes; rien qui réponde moins, au premier abord, à tous les souvenirs de l'histoire, à toutes les images de grandeur et de majesté dont l'esprit se sent comme enivré, lorsque l'on franchit le seuil de la porte. La salle est petite et sans décoration; point de marbre, point d'or, point de tentures; rien que des bancs et des lambris de bois de chêne, de ce chêne robuste auquel le peuple anglais a été si souvent comparé.

Sur les bancs, de droite et de gauche, sont assis ou couchés nonchalamment des députés en bottes et le fouet à la main, souvent même le chapeau sur la tête; ils lisent la gazette, causent avec leurs voisins, ou dorment, en attendant une discussion qui les intéresse ou les amuse. Au premier aspect d'une telle assemblée, un observateur superficiel serait tenté de se croire dans le sein d'un club de républicains; mais en y regardant de plus près, on ne tarde pas à trouver dans cette familiarité même un raffinement d'aristocratie auquel l'orgueil n'est point étranger. Pourquoi se gêner entre gentilshommes, pourquoi faire preuve de politesse entre gens de qualité, tous également certains de la libéralité de leur éducation et de l'élégance de leurs habitudes? Pourquoi s'astreindre à une dignité étudiée, lorsque d'un mot l'on peut faire apparaître toute la majesté du parlement, et déployer l'appareil redoutable de sa puissance? Tel est, je crois, le fond des cœurs et la véritable explication de la familiarité apparente de la Chambre des Communes.

Au milieu de cette absence de gêne, de certains égards de politesse parlementaire ne cessent pas d'être rigoureusement observés; et il n'y a point de reproche auquel on soit plus sensible qu'à celui de s'être permis une expression ou un procédé contraire aux usages de la Chambre (*an unparliamentary expression or proceeding*). C'est ainsi que dans maint salon bien des gens aimeraient mieux être accusés d'avoir manqué à la morale qu'à l'usage du monde.

Le grave costume de l'orateur forme un contraste bizarre avec le frac, la redingote ou la veste de chasse des députés. La robe noire dont il est revêtu, l'énorme perruque qui couvre sa tête, rappellent à la Chambre, comme à lui-même, qu'il est un juge (1), et un juge dont les arrêts sont sans appel; chaque membre se respecte en lui, et les mots *order, order,* prononcés à voix basse, lui suffisent pour obtenir silence, et faire cesser toute interruption. Le sergent aux armes, en habit de cour, et l'épée au côté, est assis près de la barre; son costume semble

---

(1) On sait qu'en Angleterre les juges et les avocats portent à l'audience des perruques dont l'ampleur et la forme varient suivant les différens grades.

représenter l'urbanité, comme sa charge représente la force. Enfin la masse d'or surmontée de la couronne qui repose sur la table, tant que le président occupe le fauteuil; cette masse, symbole de la puissance impériale du parlement, est là comme le lion qui dort, et qui peut se réveiller terrible.

Si vous doutiez de ce que l'absence de gêne n'est, chez les membres du parlement, qu'une des formes de l'aristocratie, suivez ces mêmes orateurs dans quelqu'autre réunion publique, dans quelque assemblée du peuple ou de la bourgeoisie, et vous les verrez aussi prodigues de formules d'égards et de modestie, que vous les avez vus simples et quelquefois rudes dans leurs manières et dans leurs discours, au sein de la Chambre des Communes. Pourquoi? C'est que dans un cas le rang est marqué par la politesse, et dans l'autre par la familiarité.

Je n'ai jamais passé l'Atlantique; mais ceux qui ont eu le bonheur d'assister aux séances du congrès de Washington m'ont assuré qu'il y règne moins d'aisance et plus de dignité que dans la Chambre des Communes. Je l'aurais supposé. Les représentans de l'Amérique se sentent constamment en présence du peuple qui les juge, et qui seul les a faits ce qu'ils sont; les membres du parlement, toujours sûrs de leur élection, par droit de naissance ou par droit de conquête, ressemblent un peu aux rois de la légitimité, qui veulent ne tenir leur pouvoir que de Dieu et de leur épée, et n'en devoir compte à personne.

La salle même où se réunit la Chambre des Communes, son arrangement et ses dimensions sont, on peut le dire sans tomber dans le paradoxe, au nombre des circonstances heureuses qui ont concouru au développement du gouvernement représentatif en Angleterre. Je crois que vous en demeurerez convaincu en jetant les yeux sur le plan de cette salle que je joins à ma lettre, et qu'un petit nombre d'observations vous feront sentir les avantages qu'elle possède sur nos salles, copiées des théâtres grecs, et sur cette tribune, véritable bastion flanqué de deux courtines, où nos députés s'élancent comme à l'assaut, et se débattent comme sur la brêche.

La Chambre des Communes est un carré long. Le siége du président occupe une des extrémités, en face de la porte d'entrée. Devant lui est une grande table où sont assis les deux clercs de la Chambre, en robe noire. C'est sur cette table que l'on dépose les bills, les pétitions, et tous les autres papiers parlementaires. A droite et à gauche de l'orateur, sur cinq rangs, sont les bancs de la trésorerie et ceux de l'opposition. Les chefs de chaque phalange occupent d'ordinaire le banc inférieur, près de la table, afin d'être plus à portée de consulter les papiers qui ont rapport à la discussion. C'est à cette place que Pitt et Fox étaient assis; c'est là que Canning et Brougham sont en présence. La largeur de la table est donc le seul intervalle qui sépare le ministère des chefs (*leaders*) de l'opposition; et, dans la lutte, chacun des antagonistes peut suivre non pas seulement toutes les inflexions de la voix, mais jusqu'aux moindres mouvemens de la physionomie de son adversaire. Ai-je besoin de vous dire tout ce que cette seule circonstance donne de naturel, d'intérêt et de vie à la discussion ?

La plus simple interpellation adressée à un ministre du haut de la tribune, a l'air d'un défi ou d'une déclaration de guerre. La même question faite de près, d'un côté de la table à l'autre, prend le caractère facile de la conversation, et amène une réponse franche et familière qui, en deux mots, aplanit mainte difficulté.

Les bancs dont je viens de vous parler ne suffiraient pas pour contenir tous les membres de la Chambre, lorsqu'elle est au complet, on y a suppléé par une galerie supérieure où se placent les députés qui viennent faire nombre.

A droite et à gauche de la porte d'entrée,

en deçà de la barre, sont deux tribunes en gradins, réservées pour les pairs et leurs fils, pour les maîtres en chancellerie faisant office de messagers d'État, et pour les étrangers auxquels le président veut bien permettre d'assister à la séance dans l'enceinte même de la salle. Au-dessus de ces gradins règne la galerie publique, qui ne contient, je crois, qu'environ cent cinquante personnes.

Les dimensions restreintes de la Chambre des Communes et le petit nombre des spectateurs sont encore une circonstance heureuse que je vous prie de remarquer. Elle permet aux orateurs de se faire entendre sans changer l'intonation naturelle de leur voix; et par là même elle exclut à la fois l'enflure théâtrale et l'appel aux passions de la multitude, écueils que notre tribune, nos amphithéâtres et nos galeries rendent souvent bien difficiles à éviter.

Les orateurs parlent debout, de leur place. Le président leur donne la parole en les appelant par leur nom. Lorsque deux membres se lèvent simultanément, le président ou la Chambre décide de la priorité. Mais au reste il est presque sans exemple que l'on se dispute à qui jouira du privilége de parler. Le simple tact des convenances indique en un instant à la Chambre et aux orateurs eux-mêmes quel est celui d'entre eux qui doit avoir la préférence. Est-ce dans une question de politique générale; on cédera naturellement la place au talent le plus illustre : est-ce dans un objet d'intérêt spécial; la priorité sera donnée à celui que sa position sociale, ses relations, ses études mettent à même de jeter le plus de jour sur la discussion. Loin de l'écarter, on l'invite à se produire, et, lors même qu'il aurait peu d'habitude de la parole, tant qu'il a des faits à alléguer, il est écouté avec attention.

La certitude d'obtenir la parole, si on la réclame, tranquillise les amours-propres; elle contribue puissamment au maintien de l'ordre, et rend par là même la marche des débats beaucoup plus rapide, quoiqu'on laisse la discussion mourir de sa belle mort, sans jamais interrompre arbitrairement un orateur, comme chez nous, par un vote de clôture. Si, lorsque la Chambre est fatiguée, des trépignemens, des murmures sourds, des cris de *question, question* (aux voix, aux voix) se font entendre, ce ne sont que des marques d'impatience impossibles à éviter; mais jamais la majorité ne dit à l'opposition : Non seulement nous vous soumettrons à notre force, mais nous ne voulons pas même entendre vos raisons. Et voilà pourtant ce que signifient les votes de clôture par lesquels, dans nos Chambres, le parti le plus fort impose silence à la minorité!

Je dois appeler votre attention sur deux usages de la Chambre des Communes, frivoles en apparence, mais qui n'en sont pas moins de la plus haute importance dans la discussion. Le premier est d'adresser la parole au président, au lieu de l'adresser à la Chambre ou à l'orateur auquel on répond (1). Le second est de ne jamais désigner un député par son nom propre.

Le premier de ces usages est sans doute une fiction, mais une fiction reconnue si essentielle au maintien de l'ordre, que l'observation en est presque poussée jusqu'à la pédanterie. Ainsi, lorsqu'un député de l'opposition est debout et porte la parole, si un membre qui siége habituellement à côté de lui, mais à sa droite, et par conséquent plus près du *Speaker*, vient à entrer dans la salle, il n'ira point directement à sa place; il se dirigera vers les bancs de la trésorerie, tournera derrière le fauteuil du prési-

---

(1) Dans la Chambre haute, on adresse la parole à l'assemblée (*Mylords*), parce que le chancelier qui la préside étant membre du ministère, et par conséquent appelé à prendre une part active aux débats, on ne voit pas en lui un être impartial et pour ainsi dire abstrait comme le *Speaker* de la Chambre des Communes. C'est une distinction pleine de délicatesse.

dent, et reviendra à son banc par ce circuit, plutôt que de passer entre le président et l'orateur qui est censé lui adresser la parole. Il en serait de même, si c'était un membre du gouvernement qui entrât pendant le discours d'un de ses collègues; il irait suivre les bancs de l'opposition, et reviendrait gagner ceux de la trésorerie, après avoir fait le tour du siége du président, se conformant en cela au même principe de politesse qui, dans un salon, ne permettrait pas de traverser la conversation de deux personnes qui causeraient tête à tête. Et bien que, dans le fait, le ministre et le député de l'opposition soient les vrais interlocuteurs, la fiction l'emporte sur la réalité; l'on peut passer entre eux sans inconvenance; mais il y aurait manque d'usage à passer entre l'orateur qui parle et le président, qui est peut-être occupé de toute autre chose que du discours.

En réfléchissant à cette fiction, qui paraît bizarre au premier coup d'œil, on trouve qu'elle repose sur une observation très juste et très fine des lois de notre imagination. Chacun n'a qu'à consulter ses propres impressions pour reconnaître qu'une interpellation à la seconde personne, telle que : vous avez dit.... vous avez fait.... vos assertions.... votre conduite.... vos projets.... met notre amour-propre bien plus en garde, et excite bien plus vivement notre irritabilité qu'une réponse indirecte adressée à un président impartial, dont le seul aspect rappelle quelles sont les bornes dont on ne doit pas sortir dans la discussion. Cette forme de débat permet d'employer un langage beaucoup plus énergique, sans avoir à craindre de soulever les passions. Tel homme entendra patiemment censurer, persifler même ses actes et ses discours, lorsque son adversaire l'attaque sous le nom de l'*honorable membre qui siége de l'autre côté de la chambre*, tandis qu'il sentirait sa vanité blessée, ou son point d'honneur offensé, si les mêmes paroles lui étaient adressées directement, et à la seconde personne.

C'est à un principe semblable que se rattache l'autre règle dont je vous ai parlé; celle de ne jamais désigner un membre par son nom propre. Tout député qui manquerait à cette règle serait immédiatement rappelé à l'ordre, et averti de son tort par un murmure général : mais elle est devenue si familière à chacun, qu'au milieu même du débat le plus animé, il est presque sans exemple que l'on s'en écarte.

Les dénominations sous lesquelles on désigne un membre dans la discussion, ne sont pas non plus sans importance. Tantôt c'est simplement par le nom de la ville ou du comté qu'il représente; et en identifiant ainsi un député avec ses commettans, on resserre les liens qui les unissent. L'honorable membre pour Durham, pour Winchelsea, pour Liverpool, pour Westminster, devient synonyme de Lambton, de Brougham, de Huskisson, de sir Francis Burdett. Tantôt c'est par son titre : le noble lord qui siége en face ou à côté de moi; ou bien par ses fonctions publiques : le très honorable secrétaire d'État, ou simplement le très honorable gentilhomme (*the right honourable gentleman*); vous savez que cette épithète de *très honorable* s'applique spécialement aux membres du conseil privé. Tantôt c'est par les qualités qui sont l'attribut naturel d'une certaine profession, comme le brave officier (*the gallant officer*), s'il s'agit d'un militaire; le savant jurisconsulte, s'il s'agit d'un avocat. Si celui qui parle est avocat lui-même, il ajoutera à cette épithète celle de mon ami, lors même qu'il s'agirait d'un homme du parti opposé au sien. Ainsi l'attorney général nommera M. Scarlett, ou M. Brougham, mon honorable et savant ami, parce qu'une profession semblable établit entre eux des relations de familiarité que la différence des opinions politiques n'est pas censée devoir interrompre. Il suffit de lire les journaux anglais pour voir combien cette politesse parlementaire, lorsqu'elle a passé dans les mœurs, et qu'elle n'a rien d'affecté, donne de dignité et d'élégance aux débats, même les moins intéressans par leur sujet.

Non seulement les discours écrits sont interdits dans la Chambre des Communes, mais le ridicule poursuivrait impitoyablement ceux qui seraient censés appris par cœur, et l'on ne s'y tromperait pas. Les orateurs qui parlent de mémoire sont comme Petit-Jean; ce qu'ils savent le mieux, c'est leur commencement. A mesure qu'ils avancent, leur assurance diminue, leur voix devient sourde et monotone; ceux qui improvisent, au contraire, s'animent, en se pénétrant de leur sujet, et acquièrent, vers la fin de leur discours, la facilité d'élocution qui leur manque quelquefois dans le début.

Cette interdiction des discours écrits est d'une telle importance constitutionnelle, que tant qu'elle ne sera pas adoptée dans nos Chambres, on ne pourra pas dire que nous soyons entrés dans la réalité du régime représentatif; que nous ayons franchi la barrière qui sépare les gouvernemens de vieille mode où l'assemblée délibérante n'est qu'un hors-d'œuvre solennel, de ceux où elle discute les intérêts, et dirige les affaires du pays.

La première qualité que les Anglais recherchent dans un orateur, le premier signe auquel ils reconnaissent l'homme d'État, c'est d'être ce qu'ils appellent *a good debater* (un bon discuteur), c'est-à-dire d'être toujours prêt à répondre aux argumens de ses adversaires, et à produire ses idées, non pas seulement dans l'ordre qu'il a médité, mais dans l'ordre quelconque que la marche des débats pourra lui suggérer. Et en effet, pour bien écrire sur une question, il suffit souvent de l'avoir étudiée sous un seul point de vue; pour bien parler, il faut l'avoir retournée dans tous les sens, l'avoir examinée sur toutes ses faces. Dans l'un des systèmes, c'est la phrase qui domine; dans l'autre, c'est l'argument : d'un côté la pédanterie et la mort, de l'autre la simplicité et la vie.

Les discours écrits, outre les inconvéniens qui leur sont propres, ont encore celui de fausser le ton de l'éloquence des orateurs même qui parlent d'abondance, en les forçant, pour ainsi dire, à donner plus d'attention à la forme qu'au fond; car l'oreille du public, habituée à la correction académique des discours écrits, exige de l'improvisation la même régularité, et s'étonne de la moindre hésitation, du moindre temps d'arrêt. En Angleterre, on n'a point cette rigueur; on permet à l'orateur de se reprendre, de réfléchir, de recueillir un instant ses idées; et toute la sévérité d'examen qui, chez nous, s'attache au style, se porte chez eux sur les argumens et sur les faits. J'ai vu écouter avec délices dans le Parlement un orateur dont le débit était pénible, qui hésitait, qui, par momens, ne trouvait qu'avec difficulté l'expression correspondante à sa pensée, mais dont parfois aussi l'éloquence captive s'échappait comme par torrens; et, dans la même séance, un discours pur de langage et prononcé avec une élégante facilité, n'avait excité que l'ennui.

Mais est-il juste, me direz-vous, de faire du talent d'improviser la condition première et *sine qua non* de la carrière législative? Ne peut-il pas arriver qu'un député, doué de toutes les autres qualités qui font le publiciste et l'homme d'État, manque de celle-là seulement, et que l'on fasse tort à son pays, en le privant du secours de ses lumières (1)? Ne peut-il pas arriver

---

(1) J'ai entendu citer à cette occasion l'exemple de l'orateur qui, dans cette session même, a commandé par un discours écrit l'admiration de la France attentive. Mais de ce que, dans une question de haute philosophie religieuse et politique, et lorsque la vérité n'avait aucune chance de triompher par la discussion, un sage a cru devoir graver comme sur l'airain sa protestation solennelle, s'ensuit-il qu'il parlerait avec moins de talent qu'il n'écrit? Non, sans doute, et sa carrière législative prouve le contraire.

aussi que, dans une circonstance donnée, tel ministre ou tel député, eût-il même le talent de la parole, croie devoir se mettre en garde contre les expressions imprudentes qui pourraient lui échapper dans la chaleur de l'improvisation? Non, sans doute; ces suppositions ne sont point impossibles; comme il n'est pas impossible non plus que tel magistrat qui serait doué d'une sagacité et d'une patience à toute épreuve, mais qui aurait l'ouïe dure, discernât mieux la vérité dans une procédure écrite que dans une plaidoirie publique, avec confrontation de témoins. Et cependant quel jurisconsulte, digne de ce nom, hésiterait aujourd'hui entre la procédure secrète et le débat oral, entre le jugement par jurés et le code ténébreux que Charles V a légué à l'Europe? Ce n'est point en vue d'exceptions si rares que l'on peut faire des lois générales. Et, quant à cet entraînement de la tribune que l'on redoute, j'y vois au contraire un des plus grands bienfaits de l'improvisation, une de ses conséquences les plus belles et les plus morales. Sous l'influence de cette force magique, les caractères dissimulés sont contraints à la franchise; les cœurs froids retrouvent quelque inspiration généreuse, et la vanité même tient quelquefois lieu d'émotion aux âmes desséchées par l'égoïsme.

En fait d'improvisation, nous n'avons qu'à vouloir pour bien faire : aucune nation en Europe n'est douée, pour l'art oratoire, d'une aussi grande aptitude naturelle. J'en atteste les talens transcendans que dix années d'un gouvernement représentatif très imparfait ont déjà développés dans une Chambre composée de députés dont l'âge moyen est de cinquante-cinq ans. Les annales même du parlement britannique offrent peu de débats comparables à la discussion de la loi sur la presse, dans la session de 1819.

LETTRE XVIII.

SUITE DE LA PRÉCÉDENTE. — CHAMBRE DES PAIRS.

La salle où se réunit la Chambre des Pairs est plus vaste et plus décorée que celle des Communes, mais la distribution des places et la forme de la salle sont à peu près les mêmes. C'est un carré long dont un des petits côtés est occupé par le trône du Roi; à l'autre extrémité, au-dessous de la barre, est l'espace réservé au public. C'est là que les membres des Communes, avec le *Speaker* à leur tête, viennent écouter, debout et découverts, le discours de la couronne. C'est aussi à cette barre que se placent les avocats et les parties, lorsque la Chambre des Pairs est censée siéger comme cour d'appel. Je dis censée, car, dans ce cas, le chancelier est le seul juge véritable, lors même que souvent c'est de lui, comme président de la cour de chancellerie, à lui-même comme président de la Chambre haute, que l'appel est porté. Les deux pairs qui sommeillent sur leur banc, pendant la plaidoirie, ne sont là que pour la forme (1).

---

(1) Il faut qu'il y ait au moins trois membres présens pour juger.

Je me suis demandé, à cette occasion, ce qui arriverait si quelques jeunes lords, par esprit d'opposition, ou même par partie de plaisir, venaient à l'improviste faire majorité contre la grave opinion du chancelier. La réponse à cette question est dans l'empire de l'habitude et du bon sens. Mais le même sentiment des convenances qui, dans les causes civiles, écarte des débats judiciaires les pairs étrangers à l'étude de la loi, les y appellerait au contraire, s'il s'agissait de quelque question d'intérêt général ou de quelque grief sérieux contre la décision du chancelier en première instance.

Le trône est séparé par une petite barrière à hauteur d'appui, des places occupées par les pairs. A droite sont les bancs des évêques, et plus loin ceux du ministère; à gauche, ceux de l'opposition. Dans les séances ordinaires, les pairs du sang royal n'ont point de place qui leur soit particulièrement assignée; chacun se range au milieu de ses amis politiques. Le duc d'York du côté du ministère dont il fait partie; le duc de Sussex avec l'opposition.

Le *sac de laine* sur lequel siége le chancelier est exactement ce que le mot indique; un grand carreau de laine recouvert de drap rouge, sans aucune espèce de dossier pour s'appuyer; et tel est, dans les moindres choses, le respect minutieux des anciens usages, que le chancelier actuel, vieillard presque octogénaire, a *hésité*, pendant plus de sept ans, sur la question de savoir s'il se permettrait de se faire apporter un coussin, lorsque les séances deviennent par trop longues et trop fatigantes. Aujourd'hui même il n'use que rarement de cette invention hardie; du reste, gardien fidèle de l'étiquette dont il n'a dévié qu'à regret, c'est encore sur le carreau même où il est assis que tous ses papiers sont rangés autour de lui, et qu'on place des flambeaux pour qu'il puisse les lire; il reste ainsi, jusqu'à une heure avancée de la nuit, dans l'attitude la plus incommode, et mal éclairé par la lumière incertaine de deux bougies que le moindre mouvement de son corps fait vaciller sur cette laine élastique, plutôt que de demander une table ou un pupitre, et de léguer à ses successeurs un si dangereux exemple d'innovation.

Quand on annonce un message des Communes, pour apporter à la Chambre haute des bills adoptés par l'autre branche de la législature, le chancelier se lève et s'avance jusqu'à la barre, tenant à la main un sac de velours rouge brodé d'or, où l'envoyé des Communes met un premier bill que le chancelier retourne déposer à sa place; puis il recommence sa marche pour en venir chercher un second, un troisième, un quatrième, faisant autant de voyages qu'il y a de bills, au lieu de les recevoir tous à la fois. A chacune de ces processions du chancelier est attaché un droit de dix guinées, lorsqu'il s'agit de mesures locales ou individuelles (*private bills*), droit qui forme une partie assez importante des revenus casuels de la charge. De malicieux observateurs prétendent qu'il n'est pas impossible de distinguer sur la physionomie du chancelier si le bill envoyé par les Communes a trait à une affaire particulière, ou aux intérêts généraux de l'État.

Introduire de pareilles étiquettes là où elles sont inconnues, serait absurde autant que puéril; et dans les pays même où elles existent depuis long-temps, il ne serait pas facile de les justifier aux yeux de la raison. Toutefois lorsqu'elles ne compromettent aucun intérêt sérieux, et n'entravent point la marche des affaires, elles peuvent plaire à quelques imaginations, en rattachant le présent aux souvenirs d'un autre siècle.

Les femmes sont absolument exclues des séances de la Chambre des Communes. On ne fait d'exception à cette règle que pour les princesses du sang et les dames qui les accompagnent. Hors ce cas fort rare, ce ne serait que déguisée en homme qu'une femme pourrait aller entendre parler son mari ou son frère. Dans la Chambre des Pairs, elles jouissent d'un peu plus de latitude; elles obtiennent parfois la permission d'assister à la séance, derrière les tentures dont le trône est entouré. Je me rappelle même certaine question législative sur laquelle les sollicitations de quelques femmes d'un rang élevé avaient exercé tant d'influence, qu'en venant écouter les débats, elles semblaient moins de simples spectateurs que des généraux d'armée suivant de l'œil la bataille dont ils ont tracé le plan. Ce n'est là néanmoins qu'une bizarrerie dont on ne doit tirer aucune conséquence, mais qui m'a d'autant plus frappé que je l'aurais crue plus incompatible avec les mœurs politiques de l'Angleterre.

Du reste, les formes de la délibération sont les mêmes dans la Chambre des Lords que dans la Chambre des Communes, ou du moins les différences ne sont pas assez importantes pour que je vous en entretienne.

Ce qui distingue éminemment les orateurs parlementaires de notre époque, c'est la simplicité et la rectitude du raisonnement. Je vous ai parlé dans mes premières lettres, du penchant qu'ont les Anglais à maintenir toutes les questions dans la sphère moyenne des idées pratiques, immédiatement applicables aux intérêts de leur pays. C'est dans les derniers temps surtout que cette tendance des esprits est devenue évidente. Aux jours où lord Chatham tenait le sceptre du parlement, et jusque vers les commencemens de la guerre d'Amérique, l'éloquence politique a eu, en Angleterre, un caractère plus rapproché de celui qu'elle a chez nous. Les citations de Locke abondent dans les discours de cette époque, et l'on y voit souvent les questions politiques rattachées aux principes généraux de la philosophie morale.

Dès la génération suivante, le goût avait changé; et, pendant le règne de Pitt, de Fox et des grands orateurs que l'on désigne encore sous le nom de la race des géans, nous voyons les esprits se déclarer de plus en plus contre toute espèce d'emphase dans le débit, comme d'essor métaphysique dans le raisonnement. Le sentiment général était déjà si prononcé à cet égard, que le talent même de Burke n'en pouvait triompher. Chacun se levait dès qu'il demandait la parole, tellement qu'on l'avait surnommé la cloche du dîner (*dinner bell*), et quelques uns de ses discours, les plus admirés à la lecture, ont été prononcés dans une salle déserte.

En considérant la composition actuelle du

parlement, on reconnaîtra, je crois, qu'à côté de quelques talens qui soutiennent la comparaison des plus grands modèles, il possède une masse de notions justes, et de connaissances pratiques qui, en moyenne, le rendent supérieur à toutes les assemblées précédentes. Mais ce n'est cependant que dans les matières d'économie publique, que cette supériorité est incontestable. Quand on aborde une sphère plus élevée, on est même parfois péniblement affecté de quelque chose d'étroit dans les idées et d'incomplet dans le raisonnement; c'est ce qu'il est impossible de ne pas remarquer dans les débats relatifs à l'organisation religieuse et politique de l'Irlande. Les questions, en général, ne sont ni attaquées ni défendues sur un terrain assez large, et l'on s'étonne de ne voir apparaître dans la discussion, ni les réflexions, ni les exemples qui y jetteraient le plus de clarté. Lorsqu'il ne s'agit que d'améliorer l'administration intérieure d'un pays, où les grandes bases de la justice et de la liberté sont déjà assurées, on ne saurait sans doute aller trop droit au fait; mais lorsque, ainsi qu'en Irlande, c'est l'ordre social même qui est à refondre, comment ne pas remonter à la source? Les solutions qui ne sont pas données par l'histoire, il faut bien les trouver par la raison.

Ce qui, à mes yeux du moins, donne à la discussion parlementaire un attrait incomparable, c'est donc moins l'étendue et l'élévation des pensées que la simplicité virile des formes de l'éloquence. Calmes dans le sentiment de leur dignité morale, jamais les orateurs ne songent à revêtir une gravité d'emprunt; le ton des discours est facile; la plaisanterie, loin d'en être bannie, est accueillie avec faveur; des allusions à la littérature nationale ou aux chefs-d'œuvre de Rome et d'Athènes prêtent du charme et de la couleur à des sujets quelquefois arides par eux-mêmes, et les citations de l'antiquité n'ont rien de pédantesque au milieu d'un auditoire à qui les moindres nuances des langues classiques sont familières.

Un membre de l'opposition attaquait un jour le gouvernement sur la profusion des dépenses, et rappelait ce mot de Cicéron : *Optimum vectigal est parcimonia* ; mais se trompant sur la prosodie latine, il prononçait *vectigal* en faisant brève une syllabe qui doit être longue : *vectigal,* reprit le ministre (c'était lord North, autant que je puis croire), en se contentant pour toute réponse, de rétablir la quantité que son adversaire avait altérée ; et cette plaisanterie fut saisie à l'instant de toute la Chambre.

Fox citait les vers d'Homère et de Sophocle,

dont son étonnante mémoire était ornée, certain d'être compris de son auditoire; et quoique aujourd'hui cet usage ait passé de mode, avoir étudié la littérature ancienne, être *a good scholar* (un bon écolier, en propres termes), est encore une des conditions essentielles pour briller dans le parlement.

En comparant les deux branches de la législature anglaise, et en songeant aux talens du premier ordre que renferme la Chambre des Pairs, je me suis souvent étonné de ce que les discussions de cette Chambre n'offrent pas le même intérêt que celles des Communes, et de ce qu'à moins de circonstances extraordinaires, elles ont même quelque chose de froid et de languissant. L'on peut dire sans doute que la plupart des bills prenant naissance dans la Chambre basse, la première vivacité de l'intérêt est épuisée lorsqu'ils arrivent à la Chambre des Pairs; mais en revanche, le vote de cette Chambre a toute l'importance d'un jugement en dernier ressort. Je crois donc qu'il faut chercher d'autres causes à un phénomène qui a droit de nous surprendre. Si j'étais chargé de les indiquer, peut-être en trouverais-je deux, l'une matérielle et secondaire dans la disproportion qui existe entre l'étendue de la salle et le petit nombre de pairs habituellement présent aux séances; l'autre plus importante et plus générale dans l'affaiblissement progressif que le principe aristocratique éprouve dans le monde entier. En Angleterre même où des troncs vénérables sont encore debout, leur force vitale disparaît par degrés, et la sève de l'imagination prend une autre route.

LETTRE XIX.

PARALLÈLE DE LA MARCHE DES DÉBATS LÉGISLATIFS, EN FRANCE ET EN ANGLETERRE.

JE vous disais, dans mon avant-dernière lettre, que, malgré les précautions multipliées dont les délibérations du parlement anglais sont entourées, la marche des affaires y est incomparablement plus rapide que dans nos Chambres, où les lois ne sont pourtant soumises qu'à un seul débat. Ce fait n'a pas besoin de preuve; mais il exige une explication. Pour la trouver, sans trop nous appesantir sur des questions réglémentaires, suivons un projet de loi dans les principales phases de la discussion, et rendons-nous compte de la manière dont les choses se passent en France et en Angleterre. (1)

---

(1) Deux ouvrages devraient être constamment sous les yeux de ceux qui s'occupent de l'importante question du réglement des assemblées délibérantes : l'un, fort habilement traduit par M. Pichon, est le *Manuel parlementaire* de M. Jefferson; c'est le résumé de l'expérience anglaise, sanctionné par la sagesse américaine : l'autre est la *Tactique des assemblées législatives*, ouvrage où M. Dumont a développé les raisonnemens les plus philosophiques sous

Les séances de notre Chambre des Députés s'ouvrent par la lecture du procès-verbal de la veille, procès-verbal qui contient l'analyse de chaque discours, au lieu de se borner, comme les journaux de la Chambre des Communes, à énoncer les résultats des délibérations, et les actes qui peuvent faire jurisprudence. Ici, double perte de temps, et par la longueur inutile de cette lecture, et parce qu'il suffit d'un amour-propre pointilleux qui trouve que les secrétaires ont mal rédigé sa pensée, pour que la discussion s'engage sur un mot, et que l'ordre du jour reste en souffrance. Mais ce n'est là que le moindre inconvénient de ces analyses; car,

---

les formes les plus spirituelles. On y trouve le réglement rédigé par l'auteur pour le Conseil représentatif de la république de Genève; réglement calqué sur les usages du parlement, avec quelques perfectionnemens de détail. En présentant ce travail au Conseil dont il est membre, M. Dumont eut l'ingénieuse idée de demander qu'il fût soumis aux formes mêmes de délibération qui y sont tracées, c'est-à-dire que, pour discuter son projet, on le supposât déjà adopté. Cette épreuve fut si victorieuse, que le réglement, accueilli à l'instant d'une voix unanime, a, pour ainsi dire, passé aujourd'hui dans les mœurs des citoyens de Genève. Ils y ont recours dans tous les comités, dans toutes les réunions que l'esprit d'association fait naître, et cet usage a introduit dans la conduite des affaires une promptitude et un ordre remarquable.

fastidieuses dans les temps de calme, elles deviendraient funestes dans les temps d'effervescence et de révolution. Quand les papiers publics rendent compte des débats, c'est à leurs périls et risques; les députés sont toujours les maîtres de désavouer les discours qu'on imprime sous leur nom. Mais un procès-verbal approuvé par la Chambre acquiert le caractère officiel, et chaque orateur est censé adopter jusqu'aux moindres expressions qu'on lui prête. Tout député suspect à la faction victorieuse, aurait là son acte d'accusation préparé d'avance; ce serait un arsenal où le plus fort trouverait des armes toutes forgées pour accabler la minorité.

Vient ensuite un rapport de la commission des pétitions. Ici, un, deux, trois orateurs montent successivement à la tribune, et exposent que monsieur un tel demande à épouser sa belle-sœur; qu'un autre réclame un impôt sur les chiens de luxe; qu'un troisième fait part à la Chambre d'un plan tout nouveau d'administration et de finances, et qu'il y a du bon dans ses idées; qu'un quatrième désire obtenir le ruban de la légion d'honneur; qu'un cinquième propose de décerner au feu Roi le surnom de *Bien-Aimé*; sur quoi la commission demande gravement l'ordre du jour, d'après le motif que S. M. a déjà reçu de ses peuples celui de *Désiré*. Et la nation la plus spirituelle, la plus sensible aux moindres nuances du ridicule, écoute patiemment depuis dix ans de pareilles pauvretés, sans réfléchir que la vie humaine est trop courte pour gaspiller ainsi le temps d'une assemblée délibérante. Lorsque l'objet des pétitions est plus sérieux, les conséquences de notre système ne sont guère plus satisfaisantes; car le renvoi aux ministres, le dépôt au bureau des renseignemens, et l'ordre du jour, ne sont pour la pétition que trois genres de mort plus ou moins honorables.

Proposeriez-vous donc, allez-vous me dire, de supprimer le droit de pétition, tel qu'il est exercé en France? Non, sans doute; tant que l'initiative sera refusée aux Chambres, il vaut encore mieux la donner indistinctement à quiconque met une pétition à la poste, que de priver les citoyens de tout moyen de réclamation; mais ce que la raison indiquerait, ce serait de rendre l'initiative aux Chambres, à qui elle est dévolue d'après toutes les règles du bon sens, et de charger les députés d'être les organes des vœux des citoyens.

C'est en effet ce qui se passe en Angleterre. Toute pétition doit être présentée par un membre qui peut, selon les circonstances, ou en faire l'objet d'une motion, ou la déposer sur le bureau, et en demander simplement la lecture. Les

Chambres ont par là une garantie contre les pétitions frivoles ou intempestives, et les réclamations légitimes sont assurées de trouver des avocats. Du reste, on n'entend nullement que les pétitionnaires aient le droit de faire délibérer le parlement sur l'objet de leur demande. La pétition n'est considérée que comme une pièce à l'appui de la motion faite par tel ou tel membre, à qui seul appartient dans ce cas l'initiative; et, ainsi que je vous l'ai dit précédemment, le véritable sens qu'il faut attacher au droit de pétition en Angleterre, est celui de s'assembler pour délibérer sur les griefs que l'on veut exposer, soit aux deux Chambres, soit au Roi.

Les pétitions collectives, provenant de tout un corps, de toute une province, qui sont repoussées par nos lois, sont celles au contraire auxquelles les Anglais attachent le plus de prix, puisqu'elles expriment l'opinion des masses; et il est rare qu'une mesure de quelque importance soit adoptée par le parlement, sans qu'il y soit, si ce n'est contraint, du moins poussé et encouragé par le grand nombre et l'unanimité des pétitions. C'est alors qu'on voit des députés arriver comme succombant sous le poids de celles dont ils sont chargés, et que, laissant tomber à la porte un immense rouleau dont ils conservent une des extrémités dans leur main, ils s'avancent jusqu'au bureau, étalant aux yeux de la Chambre ce long ruban de parchemin couvert de cinquante ou soixante mille signatures. C'est une sorte de plaisanterie consacrée. Il est d'usage que, pendant la lecture d'une pétition, le membre qui la présente aille s'asseoir sur le banc de la trésorerie. Cette forme d'étiquette donne lieu à de bizarres rapprochemens : j'ai quelquefois vu ainsi sir Francis Burdett côte à côte avec lord Castlereagh, et M. Hume avec M. Vansittart.

Mais revenons à la marche de nos projets de loi. On annonce une communication du gouvernement; la porte s'ouvre, et un ministre, ou un commissaire du Roi, s'avance précédé de deux huissiers, monte à la tribune, et donne lecture d'un long exposé de motifs, véritable préambule du rescrit d'un empereur romain; comme si dans un gouvernement libre, le meilleur exposé des motifs d'une mesure législative n'était pas les discours mêmes des auteurs de la mesure, et leurs réponses aux objections de ses adversaires. Ici d'ailleurs, encore une perte de temps. Pourquoi débiter à la tribune un travail composé à loisir, corrigé, mis au net, et qu'il serait si naturel d'envoyer tout de suite au *Moniteur*, où chaque député pourrait le lire plus à son aise, et avec plus d'attention?

Je dois aussi vous signaler dès l'entrée, parmi

les principales causes de la lenteur de nos délibérations, cette initiative royale qui, en inspirant aux ministres, et presque au Roi lui-même, un amour-propre d'auteur pour les moindres détails d'un projet de loi, engage les orateurs du gouvernement à batailler sur des minuties sans aucune importance, et fait un échec pour la couronne du plus petit amendement sur un pont à construire, ou sur un marais à dessécher.

Le projet de loi est présenté : que va-t-il en advenir? On le renvoie dans les bureaux. Ces bureaux, comme vous savez, se composent de la totalité de la Chambre, répartie par le sort, en neuf sections, dont chacune élit un des membres de la commission chargée de l'examen du projet de loi, commission qui, à son tour, nomme un rapporteur pris dans son sein. Arrêtons-nous un instant ici ; car jamais invention plus déraisonnable n'a entravé la marche, et dénaturé le caractère d'une discussion législative.

Il semble qu'il n'y ait que deux manières de décider une question ; la raison ou la force. Notre réglement, d'accord avec le juge Bridoye, en a imaginé une troisième, et c'est le hasard. Il peut arriver en effet que les députés soient distribués de telle manière dans les bureaux que l'opinion qui est en majorité dans l'assemblée se trouve en minorité dans la commission, en sorte que les commissaires soient assurés d'avance qu'ils travaillent en pure perte, et que leur rapport sera rejeté d'emblée par la Chambre (1). Il peut arriver aussi, et particulièrement dans une question d'intérêt local, que tous les députés instruits des faits, et capables d'éclairer la discussion, soient concentrés dans le même bureau, en sorte que, sur neuf membres de la commission, il n'y en ait qu'un seul qui sache même ce dont il s'agit.

Mais cette commission, de quoi va-t-elle s'occuper? A-t-elle été instruite par un débat antérieur des difficultés qu'il importe de résoudre? Est-elle chargée d'un de ces travaux spéciaux

---

(1) Supposez une assemblée composée de 450 membres, dont 242 soutiennent le ministère, et 208 votent avec l'opposition. Chacun des neuf bureaux sera composé de 50 membres. Supposez maintenant la minorité de 208 membres répartie également entre huit bureaux, elle y formera majorité; et les 242 voix du ministère se trouveront distribuées ainsi qu'il suit :

Minorité de 24 dans chacun des huit premiers bureaux.................................... 192
Unanimité dans le neuvième................. 50
                                                                                    ———
                                                                                    242

Sur neuf membres de la commission, la majorité n'en nommera donc qu'un seul.

de recherche ou de rédaction qui se font mieux autour d'un tapis vert, qu'au milieu des passions de la Chambre, tandis qu'au contraire les grands traits d'une mesure législative ne peuvent se prononcer que dans la discussion générale? A-t-elle pouvoir de faire comparaître des témoins et de constater des faits? En aucune façon. Que fera-t-elle donc? Elle se réunira, elle causera, elle sera en butte aux intrigues des partis et aux sollicitations du ministère; des semaines s'écouleront avant qu'une majorité se déclare dans son sein; enfin elle nommera un rapporteur qui, en plus ou moins de temps, suivant la facilité dont il sera doué, viendra présenter à la Chambre le résultat de son travail. Et ce travail ne sera, le plus souvent, qu'un recueil de généralités, où des députés étrangers à la question, et qui naturellement devraient garder le silence, iront puiser quelque idée qui leur permette de faire un discours. Pendant tout ce temps la Chambre est restée oisive.

A la présentation du rapport, nouvelle perte de temps. Le député qui en est chargé s'épuise à lire à la tribune un long résumé que personne n'écoute; car il serait plus raisonnable d'employer sa matinée à toute autre chose, et d'attendre l'impression du rapport, pour le méditer à tête reposée.

Cette lecture finie, des deux côtés de la Chambre s'élancent vers le bureau les députés qui viennent s'assurer le privilége de parler *pour, contre* ou *sur* la proposition ministérielle. Les plus agiles ou les plus robustes obtiennent les premiers rangs; d'autres, moins heureux, se contentent d'un vingtième, d'un trentième, peut-être d'un quarantième ou d'un cinquantième tour. Savent-ils ce qu'ils auront à dire, quand leur tour viendra? Savent-ils si les argumens qui se présentent à leur esprit n'auront pas été dix fois réfutés, avant que ce tour vienne? Savent-ils si les débats ne changeront pas leur façon de penser? Nullement. Mais n'importe, ils auront le plaisir de parler, ou du moins ils auront fait preuve de bonne volonté; et si la clôture leur ferme l'accès de la tribune, ils imprimeront ce qu'ils auraient dit, ou ce qu'ils auraient pu dire, dans le cas où la discussion serait arrivée jusqu'à eux, et que leur opinion fût restée la même.

La discussion générale commence, et c'est ici que les discours écrits, en mettant sur le même niveau le talent et la médiocrité, entraînent des lenteurs au-delà de toute mesure. Tel homme, doué de bon sens, mais dépourvu de talent oratoire, qui, si ces lectures étaient interdites, se réserverait pour donner en peu de mots quelques conseils utiles, lors de la discussion des articles, ne résiste pas à voir imprimer dans le *Moniteur* un morceau de sa façon, ou de celle de quelque ami charitable.

Ce ne serait rien encore si tous ces discours étaient lus à la place qui leur convient; mais l'usage d'appeler alternativement les orateurs inscrits pour et contre le projet, et celui d'accorder la parole aux ministres, toutes les fois qu'ils la demandent, donnent souvent à la discussion le caractère le plus incohérent.

Tel orateur a écrit un discours en réponse à un de ceux qui ont été prononcés la veille; mais le lendemain il en survient un autre qui change entièrement la question. Quel parti prendra notre orateur? sacrifiera-t-il l'enfant de ses veilles? Ce serait trop cruel. Il improvisera quelques phrases, pour coudre tant bien que mal son discours à celui qui l'a précédé; puis, tirant son papier de sa poche, il lira des réflexions qui ne répondent plus à rien, et qui jettent un froid mortel sur la séance. Tel autre, au contraire, s'excusera naïvement de monter à la tribune, parce qu'il aura oublié *son opinion* dans le tiroir de son secrétaire, ou dans la poche de sa redingote. En vérité je ne sais pourquoi l'on nous accuse d'une vivacité turbulente; ce qui me confond au contraire, c'est notre gravité et notre patience. Jamais on n'obtiendrait d'une assemblée d'Américains ou d'Anglais d'écouter jusqu'au bout une si longue série de dissertations écrites, dont la monotonie n'est coupée que par des interruptions et des invectives.

La discussion des articles suit immédiatement celle de l'ensemble de la loi, en sorte que ces deux discussions n'en forment réellement qu'une seule. Ici les discours écrits deviennent plus rares, et les débats acquièrent plus de mouvement et d'intérêt. Mais nouvel inconvénient! Après avoir consumé de longues journées dans des lectures inutiles, c'est séance tenante, et au milieu de l'orage des passions irritées qu'il faut imaginer des amendemens à l'improviste; d'où résulte que la plupart du temps ils sont mal conçus et mal rédigés. Et le fussent-ils bien, on y gagnerait peu de chose; car le vote de la loi succédant sans intervalle à la discussion des articles, on n'a pas le temps de la revoir dans son ensemble, et d'examiner si des amendemens, raisonnables en eux-mêmes, ne rendent pas absurde une loi dont ils dérangent toute l'économie.

Pour suivre la lettre de la Charte, il faudrait que chaque amendement fût renvoyé dans les bureaux pour y être discuté; mais entre deux maux, il a bien fallu choisir le moindre, et la force des choses a conduit à mettre de côté un article qui aurait rendu toute délibération impossible.

Arrivé au dernier terme de la discussion, il ne reste plus qu'à aller au scrutin, puisque telle est notre manière de compter les voix; et ici du moins il semble qu'il n'y ait plus de perte de temps à redouter; point du tout. Les formes de l'appel nominal et du dépouillement du scrutin sont telles que l'on trouve encore moyen d'employer plus de trois quarts d'heure à une opération qui se ferait en dix minutes, si l'on adoptait les boîtes à scrutin dont on se sert en Angleterre, dans les clubs où le vote secret est en usage. Et supposez que l'appel nominal soit réclamé sur plusieurs articles d'un projet de loi, ce qui peut fort bien arriver, des journées entières se passeront à compter des boules blanches et des boules noires. Ce serait trop, fussions-nous assurés de la vie des patriarches.

Mais le jour ne viendra-t-il jamais où, secouant une timidité déplorable, nos députés seront fiers de produire leur opinion à la face de leur pays, et où, loin de se cacher derrière le voile d'un vote secret, voile pourtant bien facile à soulever, ils prendront soin, comme en Angleterre, de faire publier la liste de la majorité et de la minorité dans toutes les questions importantes?—En France, allez-vous me dire, le vote public serait trop favorable au pouvoir.—Dans le premier moment, peut-être; à la longue, j'en doute fort. Quelle liberté serait-ce donc que celle qui n'aurait d'autre ambition que d'escamoter quelques lois à l'aide d'une urne mystérieuse, sans jamais parvenir à former des hommes et des citoyens!

Nous avons suivi les diverses phases de la discussion d'un projet de loi dans la Chambre des Députés. Nous laisserons les orateurs du gouvernement l'accompagner à la Chambre des Pairs, où, obligés de ressasser, jusqu'à extinction de force humaine, les argumens déjà épuisés par les débats de l'autre Chambre, ils recueilleront les fruits amers de l'initiative royale. Mais je dois vous faire remarquer pourtant une lacune de nos lois constitutionnelles qui, dans mainte circonstance, pourrait entraîner non seulement des lenteurs interminables, mais de graves dangers; c'est l'absence totale des moyens de communication entre les deux Chambres. Supposons en effet que l'une d'elles insiste sur un amendement que l'autre s'obstine à rejeter. Voilà tous les rouages du gouvernement arrêtés, tandis que nous éviterions cet inconvénient, si nous avions, comme dans le parlement anglais, ces conférences libres de la *Chambre peinte*, où des commissaires des deux branches de la législature ajustent et préviennent les différends par des concessions réciproques.

Maintenant, parcourons rapidement l'ordre des débats dans la Chambre des Communes; nous y rencontrerons sans doute quelques bizarreries et quelques abus; mais, dans tout ce qui est essentiel à la marche des affaires, nous trouverons promptitude, méthode et simplicité, là où nous n'avons vu chez nous que lenteur et confusion.

La Chambre des Communes a deux manières d'exercer son influence sur les intérêts de son pays, soit comme partie intégrante du corps législatif, par le vote des lois; soit comme grand conseil national, par des adresses au Roi et des résolutions. Ces résolutions peuvent être, ou l'énonciation générale d'une volonté qui sera rédigée plus tard sous forme de bill, ou la déclaration de certains principes, et la manifestation de certains sentimens, comme, par exemple, la fameuse motion de M. Dunning, en 1780: «Que « l'influence de la couronne a augmenté, qu'elle « augmente, et qu'elle doit être réduite. » Mais ce qui nous importe étant de comparer les procédés que nous suivons pour la discussion des lois, avec ceux qu'une longue expérience a consacrés en Angleterre, bornons-nous à suivre le *progrès* d'un bill depuis sa naissance jusqu'à son adoption.

La première démarche, pour présenter un bill, est d'obtenir l'autorisation de la Chambre. Le membre qui prend l'initiative, soit qu'il appartienne au ministère ou à l'opposition, commence donc par annoncer que tel jour il fera la motion qu'on lui permette d'introduire un bill dont il indique l'objet. Cette formalité est de rigueur pour que la Chambre ne soit pas prise à l'improviste, et que les adversaires du bill puissent se préparer au combat. Il règne en général beaucoup de courtoisie dans ces préliminaires, et l'on se rappelle involontairement ces mots des grenadiers anglais à la bataille de Fontenoy : « Messieurs des gardes françaises, tirez les pre- « miers. » Dès l'abord, tout membre de la Chambre peut annoncer qu'il appuiera ou combattra le bill qui doit être présenté, selon que ce bill renfermera ou ne renfermera pas telle ou telle clause qui lui paraît désirable; et, d'après cette indication, les partisans du bill, ses *patrons*, suivant l'expression reçue, ont le choix de le modifier ou d'engager la lutte. Vous voyez déjà combien cette manière simple de procéder doit souvent épargner de lenteurs et de discussions inutiles. Car, si c'est un ministre ou un membre influent de la majorité, qui déclare à quelles conditions le bill obtiendra son assentiment, l'orateur qui a pris l'initiative sait d'avance à quoi s'en tenir, et, d'accord avec son parti, il se décide à faire ou à refuser les concessions demandées, suivant que l'objet important pour lui est le résultat des votes ou l'influence même de la discussion.

Le jour venu, l'auteur du bill en développe les motifs; il est appuyé par un orateur du même parti; le bill est remis sur le bureau, et le président pose la question de savoir s'il sera lu une première fois. Dès-lors la lice est ouverte, et les adversaires du bill peuvent, ou s'opposer directement à cette lecture, ou l'écarter par une motion d'ajournement.

Ce n'est point d'ordinaire sur la première lecture que la discussion s'engage; ou du moins les projets n'y sont considérés qu'en principe général; car il semble peu raisonnable de combattre dans ses détails un bill que l'on n'a pas encore lu; et ce serait une perte de temps que de chercher à l'amender, lorsque, dans un instant peut-être, on va le rejeter en entier.

C'est donc la seconde lecture qui est le véritable champ de bataille; alors le bill a été imprimé; il est connu de toute la Chambre, et le moment est venu de l'attaquer dans son ensemble, ou de le modifier par des amendemens, puisque désormais il y a présomption qu'il sera adopté.

C'est aussi d'ordinaire après la seconde lecture que le bill est renvoyé à un comité, soit spécial, soit de toute la Chambre. Cependant ce n'est là qu'un usage qui souffre diverses exceptions. Des propositions importantes sont quelquefois discutées en comité général, aussitôt après la première lecture, et il est même de certaines motions qui ne peuvent être faites qu'en comité. Quelquefois aussi il arrive, et particulièrement lorsqu'il s'agit de mesures locales, que les partisans du bill en demandent eux-mêmes le renvoi immédiat à un comité, soit pour en perfectionner la rédaction, soit pour recueillir des faits, et entendre les parties intéressées.

Les comités spéciaux sont, ou composés d'un certain nombre de membres désignés exclusivement par la Chambre, ou bien accessibles à tous les membres qui voudraient venir prendre part à la délibération. Dans le premier cas, on les nomme *comités choisis ;* dans le second, *comités ouverts.* Quelquefois aussi la nature de la mission confiée à un comité exige que ses séances soient secrètes, et alors les membres sont assujettis au serment.

Les comités peuvent être élus de diverses manières, soit au scrutin, soit sur une liste présentée dans la forme ordinaire des motions, soit enfin, dans le cas où il s'agit d'élections contestées, suivant un mode ingénieux prescrit par une loi spéciale. Mais le plus souvent ce sont les auteurs de la proposition qui désignent eux-mêmes la composition du comité auquel ils désirent qu'elle soit renvoyée. D'autres orateurs demandent, s'il y a lieu, l'addition de tel ou tel nom à cette liste; et, en général, le sentiment des convenances suffit pour indiquer à celui qui la présente qu'il doit y inscrire quelques uns des membres influens de l'opinion opposée à la sienne. D'ailleurs une discussion préalable ayant révélé à la Chambre quels sont les hommes les mieux instruits de la question, il y a lieu de présumer que les choix seront faits avec discernement. Il est de principe de ne point faire entrer dans un comité spécial les membres qui se prononcent pour le rejet absolu de la proposition, mais ceux-là seulement qui demandent qu'elle soit amendée. Et en effet, l'homme qui repousse un projet dans son entier ne paraît point appelé à l'améliorer dans ses détails.

Remarquez combien il y a de sagesse dans ces formes parlementaires, et comme en même temps elles sont exemptes de roideur, et se prêtent au contraire avec flexibilité à la variété infinie des affaires humaines. Aussi est-ce réellement dans le sein des comités de la Chambre des Communes que l'on traite toutes ces questions administratives qui, chez nous, se décident dans les bureaux des ministres, ou dans le secret du Conseil d'État. C'est en présence du public, ou du moins des parties intéressées et de leurs conseils, que les comités interrogent des témoins, qu'ils font venir des experts, et qu'ils discutent les affaires de tout genre qui leur sont renvoyées; affaires qui se multiplient tellement qu'on voit quelquefois réunis dans la même chambre jusqu'à douze comités occupés d'intérêts différens. Ces comités se rassemblent à midi, et leurs séances cessent de droit à quatre heures, au moment où celles de la Chambre s'ouvrent par la lecture de la prière; mais ils reçoivent l'ordre de les prolonger : à mesure que le travail d'un comité est achevé, son président se présente à la barre, et, interpellé par le *Speaker*, il vient déposer sur le bureau le rapport dont il est chargé. Rien ne saurait être plus simple et plus rapide.

Que, du reste, ce système soit entaché de beaucoup d'abus, c'est ce qui n'est pas contestable, et de nombreuses réclamations en font foi. Mais du moins le remède est à côté du mal; et si la corruption se glisse quelquefois dans les comités, c'est dans la Chambre que la plainte peut retentir à l'instant même; car jamais l'intérêt lésé ne manque d'y trouver un avocat.

Quand la Chambre se forme en comité général, la masse est mise sous la table; le *Speaker* quitte son siége, que lui seul a le droit d'occuper, et désigne, pour le remplacer, un président temporaire qui va prendre place auprès du bureau. Alors commence une discussion familière, où les orateurs sont affranchis de la rigueur des règles observées dans les séances de la Chambre. On peut y parler sur chaque question, autant de fois qu'on le juge convenable, proposer des amendemens, suggérer des changemens de rédaction. Tel membre qui ne se hasarderait pas à prononcer un discours soutenu, prend la parole sans crainte pour faire connaître un fait, ou pour obtenir un éclaircissement; un pareil débat a toute la facilité de la conversation. Et c'est ici surtout que se fait sentir l'avantage de parler de sa place : quand un orateur a dit ce qu'il avait à dire, il se rassied sans se croire obligé de fatiguer son esprit à chercher une péroraison. Combien de fois, au contraire, n'ai-je pas vu nos députés comme enchaînés à la tribune, faute d'oser en descendre avant d'avoir trouvé une manière brillante et sonore de terminer leur discours!

Quand le comité général a achevé l'examen de la question qui lui est soumise, le *Speaker* reprend son siége, et il est fait rapport, séance tenante, des amendemens adoptés par le comité. On peut trouver bizarre, au premier coup d'œil, ce rapport adressé, pour ainsi dire, par la Chambre à la Chambre elle-même. Mais on ne tarde pas à reconnaître combien cet usage est essentiel pour éviter les surprises, et maintenir la gravité des débats.

Enfin, le bill arrive à sa troisième lecture, et tous les membres ayant eu le temps de le revoir, et de se rendre compte des modifications qu'il a subies dans le cours des débats, on n'a point à redouter, comme chez nous, le grave inconvénient que je vous signalais plus haut, celui de voter en aveugle sur un projet de loi souvent dénaturé par les amendemens.

Vous voyez combien cette marche est simple autant que philosophique; c'est vraiment ainsi que procède l'esprit humain. Se trace-t-on un plan, se propose-t-on un travail quelconque; on commence par considérer le principe; puis on examine les détails; puis enfin on revoit l'œuvre dans son ensemble. Tel est l'objet des débats.

Mais s'il est reconnu que cette forme de délibération est la plus sage, il n'est pas moins certain qu'elle est aussi la plus rapide. Les épreuves nombreuses auxquelles une proposition est soumise avant d'être adoptée calment les passions, tranquillisent les amours-propres; on ne se hâte pas de réclamer la parole, quand on est assuré d'avoir plus d'une occasion de manifester son sentiment; toutes les natures de talent, tous les genres de mérite trouvent la place qui leur convient, et il n'y a de presse sur aucun point. Donnez plusieurs issues à un édifice, la foule se divise et s'écoule sans encombrement : n'ouvrez qu'une seule porte, quelque large qu'elle soit, vous la verrez bientôt obstruée. Vous savez d'ailleurs que, dans les cas d'urgence, les trois lectures du bill peuvent avoir lieu le même jour.

La manière de recueillir les voix dans la Chambre des Communes a quelque chose de bizarre; c'est une des vieilles traditions qui se retrouvent à chaque pas dans cette Angleterre, où le principe d'amélioration est cependant si énergique et si vivace. Le président, ayant posé la question, demande que ceux qui sont d'avis de l'adopter disent *oui*, et que le parti contraire dise *non* : Les *oui* l'emportent (*the ayes have it*), reprend alors le président, lorsqu'il a jugé, par le bruit des voix, que la majorité se prononce pour l'affirmative. Si personne ne réclame, sa décision fait loi. Et souvent, lorsqu'il s'agit de mesures contre lesquelles il n'y a point d'opposition, on l'entend murmurer à plusieurs reprises, d'une voix creuse et avec une sorte de cantilène consacrée, qui n'est interrompue par aucune réponse : *Que ceux qui sont pour la question disent oui; que ceux qui sont de l'opinion contraire disent non. Les oui l'emportent.* Ce sont autant de lois adoptées. Mais la minorité, quelque peu nombreuse qu'elle soit, a toujours le droit de requérir une division. Pour cela, un membre se lève, et, donnant un démenti au président, il déclare, fût-il seul à voter pour la négative, que ce sont les *non* qui l'emportent. Alors on fait évacuer les tribunes; une partie des membres passe dans le vestibule, les autres restent à leur place, et deux scrutateurs (*tellers*) nommés de part et d'autre, comptent les voix.

Le président ne vote qu'en cas de partage égal, et ce fut, comme vous savez, cette voix seule qui décida la mise en accusation de lord Melville. En comité général, le *Speaker* ne remplissant pas les fonctions de président, il est admis à voter; mais il s'en abstient, convaincu que la plus stricte impartialité est le premier de ses devoirs; et usant du privilége de rester neutre, privilége qui n'est accordé qu'à lui seul, il se retire à sa place pendant que l'on compte les voix, comme sur un rocher à l'abri des tempêtes.

Vous m'accuserez sans doute de m'être arrêté avec trop de pédanterie à des détails réglémentaires ; mais je crois pourtant pouvoir me justifier sur ce point. De même que dans les tribunaux, les formes sont la plus sûre garantie du faible, les réglemens, dans une assemblée délibérante, sont la meilleure, on devrait dire souvent, la seule protection de la minorité. Et s'il est certain que, sans la liberté de discussion, les plus belles institutions écrites ne seraient que de vains chiffons de papier, on est conduit à reconnaître que rien, dans un gouvernement représentatif, ne mérite une plus sérieuse attention que les méthodes destinées à assurer la plus grande latitude possible à cette liberté.

Mais il est un autre point de vue sous lequel les formes de la délibération dans l'assemblée des représentans acquièrent une bien plus grande importance ; c'est l'influence qu'elles exercent sur la nation, par l'autorité de l'exemple. La Chambre élective est un point de mire pour tous les citoyens ; le pays où il n'en serait pas ainsi serait dans un état de mort politique : il est donc naturel que les mœurs se modèlent sur ce qui se passe dans cette assemblée.

Si les affaires y sont conduites avec ordre, simplicité et promptitude, les mêmes qualités ne tardent pas à se répandre dans la nation ; l'esprit d'association fait des progrès ; on s'accoutume à traiter ses intérêts en commun, et le talent de la discussion devient bientôt familier à tous les citoyens. Si, au contraire, l'assemblée législative offre un triste exemple de lenteur, de confusion ou de violence, cette contagion funeste se répand sur tout le pays, et les mœurs publiques sont étouffées dès le berceau. Ignorans des formes d'une délibération régulière, fatigués du temps qui se perd en discussions vaines, où tous parlent à la fois sans arriver à aucun résultat, les citoyens s'isolent les uns des autres, ils se concentrent dans le cercle étroit de leur égoïsme, et s'en remettent paresseusement à l'administration des intérêts qu'ils devraient défendre et protéger par eux-mêmes.

Quel que soit le gouvernement sous lequel on vive, quand telle est la disposition des esprits, il faut renoncer à la liberté. Etre libre, pour les nations comme pour les individus, c'est faire ses affaires soi-même.

Nous publions ici deux fragmens de lettres sur l'Angleterre qui devaient être les premières du second volume. L'intention de M. de Staël était de parler dans ce volume des élections, des catholiques d'Irlande, et de l'état religieux du pays. Voici les titres de chapitres qu'on a trouvés joints à ce manuscrit.

Élections, villes, comtés.

Whigs.

Question catholique, clergé.

Il n'a pu écrire que ce peu de pages; nous croyons qu'elles intéresseront le public, d'abord par les idées vraies et ingénieuses qu'elles renferment, et ensuite comme étant le dernier travail d'un homme si digne de regrets et enlevé si jeune à cette terre.

LETTRE PREMIÈRE. (1)

Vous désirez, Monsieur, que je donne suite à notre correspondance, et vous m'y encouragez en m'assurant que les premières lettres que je vous ai adressées n'ont pas été sans utilité.

En les publiant par déférence pour vos conseils, je ne laissais pas que d'être préoccupé de plus d'une inquiétude : je craignais de dire trop ou trop peu. Trop, si je m'adressais à la masse du public, qui n'a sur l'Angleterre que des notions vagues et incomplètes, trop peu si je ne parlais qu'à ceux qui, comme vous, ont étudié l'histoire, la constitution et les lois. Je craignais surtout qu'un patriotisme banal ne m'accusât d'anglomanie, et ne repoussât même les réflexions qui m'étaient inspirées par l'amour le plus sincère pour mon pays.

L'indulgence avec laquelle mes lettres ont été reçues a dû me rassurer, mais c'est bien moins en flattant ma vanité qu'en me faisant éprouver un plaisir d'un ordre plus élevé. J'ai pu me convaincre par mon expérience personnelle que le goût et le besoin de la vérité sont le caractère

---

(1) Voir la Note ci-contre.

distinctif de notre époque, et que dans aucun pays de l'Europe ce goût n'est plus réel et plus prononcé qu'en France. On m'a rendu la justice de croire que je cherchais la vérité de bonne foi, avec cette disposition bienveillante qui est parmi les conditions nécessaires pour avoir une impression juste des objets que l'on observe, et dès-lors la droiture de mes intentions m'a tenu lieu de mérite littéraire.

Aujourd'hui je puis donc parler au public avec une sorte de confiance, je dirais presque de familiarité; je me sens à l'aise comme dans un entretien où sans arrière-pensées les interlocuteurs ne songent qu'à s'aider mutuellement pour arriver à une solution qui les satisfasse.

J'ai dû éprouver aussi un plaisir d'un autre genre, en voyant se réaliser l'espérance que j'avais conçue lorsque je vous adressai mes premières lettres. Ces lettres sont devenues je ne dirai pas la cause, mais l'occasion qui a déterminé à l'étude pratique de l'Angleterre des observateurs doués d'un esprit juste et ingénieux. Beaucoup de choses que j'avais en vue ont été dites mieux que je ne saurais les dire, et à plusieurs égards, je pourrais considérer ce nouveau volume comme superflu; mais s'il reste encore quelques préjugés à dissiper, quelques notions utiles à répandre, un tel but vaut toujours la peine d'être poursuivi, et je n'ai ni assez de talent, ni assez de prétentions, pour en chercher un autre.

Qu'il y ait des erreurs, des bévues même dans la première partie de ma correspondance, c'est ce dont je suis plus convaincu que personne ; peut-être devrais-je les corriger, mais ce serait donner à mon travail plus d'importance qu'il n'en mérite ; je n'ai point prétendu d'ailleurs à une exactitude rigoureuse, ce que j'ai tenté et ce à quoi je voudrais avoir réussi, c'est de donner sur l'ensemble des institutions, des mœurs et des opinions de l'Angleterre, quelques notions plus pratiques que celles qui se rencontrent d'ordinaire dans les livres. Poursuivons donc la même marche puisque vous m'y encouragez, et si, dans un langage familier, il est permis d'emprunter les expressions de l'Écriture, *laissons les choses qui sont derrière nous pour nous occuper de celles qui sont en avant.*

Mais un embarras d'un nouveau genre m'arrête dès le début ; lorsque j'ai commencé à vous écrire, j'avais vu l'Angleterre à des époques différentes et à plusieurs reprises ; l'amitié dont m'honorent quelques uns des hommes les plus marquans par leur situation sociale et leur carrière publique, m'avait permis de jouir de leur conversation et de m'éclairer de leurs lumières.

Je pouvais donc croire sans trop de présomption que j'avais eu pour observer l'Angleterre des avantages particuliers, et qu'en continuant à l'étudier je finirais par la connaître, par m'en former du moins une idée nette, et qui me satisferait moi-même. J'y suis retourné; j'ai désiré revoir ce pays dans le moment où une élection générale agitait les esprits et mettait en action tous les rouages de la société politique; eh bien, je dois vous l'avouer, loin que mes idées se soient éclaircies, je me sens plus incapable que jamais de concilier tant d'élémens divers, et de suivre la ligne de la vérité au milieu de contrastes si multipliés. Dois-je m'en prendre uniquement à un défaut de perspicacité, ou y a-t-il dans les faits mêmes une explication légitime du doute où flotte mon esprit, c'est ce dont vous serez juge, et en tout cas, l'aveu que je vous fais ne restera pas sans utilité s'il peut prémunir d'autres que moi contre le danger des observations superficielles et des conclusions précipitées.

A beaucoup d'égards mon admiration pour l'Angleterre est restée la même; je ne cesse point de penser que sa civilisation est plus avancée que la nôtre, et que pendant long-temps encore nous pourrons et devrons profiter de son exemple; mais je ne suis pas moins convaincu que son organisation sociale exige des réformes fondamentales, et je n'oserais affirmer que ses institutions politiques suffisent pour amener progressivement ces réformes, sans avoir des crises dangereuses à traverser.

A cet égard peut-être notre position est-elle plus favorable que la sienne; peut-être, après de longues secousses, commençons-nous à entrer dans une voie plus simple et plus droite : la comparaison de la marche des deux pays pendant les années qui viennent de s'écouler, semblerait presque l'indiquer.

En Angleterre, le gouvernement s'est peu à peu retiré de la fausse route où une politique machiavélique l'avait embarqué; il s'est recruté d'hommes de talent qui, pour la première fois, ont tenté de mettre l'administration au niveau de la science, et dont les mesures économiques, quoi qu'en aient pu dire des esprits prévenus, ont été couronnées de tout le succès qu'il était permis d'en attendre. D'où viennent donc les troubles et la misère de Manchester? d'où viennent les souffrances de la malheureuse Irlande? d'où vient, en pleine paix, avec toutes les conditions et tous les caractères extérieurs d'une prospérité sans égale, ce malaise à peine contenu par des institutions vigoureuses et par un profond sentiment religieux?

Tournons nos regards vers la France; je n'ai nulle envie de faire ici de la politique, et je crois être, en vous écrivant, dans la situation d'esprit la plus impartiale; mais notre gouvernement n'aura pas droit de se plaindre, si, en jugeant l'état du pays, on fait une abstraction complète de son influence. L'équité ne saurait aller au-delà; car s'il fallait juger de ses intentions par ses tentatives, et de son influence par ses actes, il faudrait tenir un autre langage. Prenons-le donc pour ce qu'il est réellement, pour une gêne, pour un obstacle incommode au développement moral et politique de la France, mais pour un obstacle qui n'est pas assez puissant pour étouffer les élémens de prospérité et de raison qui germent dans le pays. Si malgré cet obstacle la prospérité s'est accrue, si la raison publique a fait des progrès, ne sera-t-il pas évident qu'il faut en chercher les causes dans la constitution même de la société, dans les mœurs et dans l'état des propriétés.

C'est un sujet constant de méditation que le spectacle de deux pays voisins en relation continuelle de commerce et d'affaires, faisant un échange journalier de livres et d'idées, aussi-bien que de denrées et de marchandises, régis par des lois politiques analogues, puisque notre Charte n'est qu'une imitation imparfaite de la constitution anglaise, et restant néanmoins tellement divers dans leurs mœurs et dans leur tendance, qu'on peut dire, à certains égards, qu'ils sont placés aux deux extrémités de l'échelle sociale.

Ce contraste est d'autant plus frappant, qu'il ne paraît pas que la différence des caractères et des esprits suffise pour en rendre compte; j'oserais même affirmer contre l'opinion commune, qu'il existe à cet égard entre la France et l'Angleterre plus d'analogie qu'on n'a coutume de le penser, et que malgré la communauté de l'origine germanique, les peuples allemands se rapprochent moins que nous des Anglais par leurs dispositions naturelles; cette analogie se montre de plus en plus, depuis que le caractère français a cessé d'être dégradé par l'exemple d'une cour frivole et corrompue, ou comprimé par le despotisme militaire. Nous commençons à devenir sérieux, pratiques, et prompts sans étourderie; et ce sont là, à mes yeux du moins, les traits les plus saillans du caractère anglais.

Et néanmoins quelle distance immense sépare les deux peuples!

D'un côté, des institutions consacrées par le temps, et qui ont poussé de profondes racines dans les esprits; une administration de la justice qui est le chef-d'œuvre de l'esprit humain; une aristocratie puissante et douce, à côté d'une démocratie pleine de sève; des mœurs publiques fortement prononcées et prêtes à défendre avec énergie toutes les lois, toutes les coutumes nationales; d'immenses richesses, une industrie active et persévérante, et, pour base à ce vaste édifice, le sentiment universel et inébranlable du droit. Mais si dans tous ces élémens divers, la somme du bien est immense, la masse du mal n'a pas moins lieu de nous surprendre. Des abus crians subsistent en présence d'une publicité illimitée, et sans que ceux-là même qui ont le plus à souffrir songent sérieusement à les combattre; des coutumes absurdes se maintiennent à côté de la plus saine raison; la misère de Manchester à côté du luxe de Londres; une frivolité à nulle autre pareille à côté de graves et hautes vertus; des scandales inouïs à côté d'une piété profonde; et sous le plus éclairé des gouvernemens européens, l'Irlande plus malheureuse que les pays soumis au despotisme routinier de l'Autriche. Que voyons-nous de ce côté-ci du détroit?

Point d'institutions, car, comment donner ce nom à des libertés sans garantie, superposées, pour ainsi dire, à la monarchie administrative; une justice imparfaite et vacillante, une aristocratie sans indépendance et sans richesse, une démocratie sans vigueur, peu de capitaux, point de mœurs publiques, point d'armes égales pour résister à l'oppression, peu d'ardeur même pour défendre ce que nous avons conquis. Ne semble-t-il pas qu'un ordre social composé de pareils élémens doive offrir un triste spectacle? et pourtant quel observateur impartial peut regarder la France sans être frappé de ses progrès et du bien-être de ses habitans : dans quelle monarchie la condition des classes laborieuses est-elle meilleure? et si la liberté ne consistait qu'à s'occuper sans gêne de ses affaires privées, où jouit-on de cette faculté avec plus d'étendue? Sans doute les garanties manquent, sans doute nous n'avons pas de barrières réelles à opposer aux caprices du pouvoir : mais une sorte de modération publique, de sentiment général des convenances les remplace jusqu'à un certain point; et précisément parce que nous sommes sans institutions bonnes ou mauvaises rien ne peut se maintenir long-temps de ce qui ne supporte pas l'examen de la raison. Les rapports d'homme à homme sont simples et vrais; les supériorités morales et intellectuelles sont estimées à leur valeur, et les avantages de naissance ou de situation, sans influence par eux-mêmes, retrouvent leur place dans l'opinion dès que quelque mérite individuel les accompagne. Le goût des idées et des occupations sérieuses remplace les vanités royales et impériales; toutes les classes ont l'amour de l'ordre, parce que toutes ont quelque chose à conserver, et si l'égoïsme a une grande part aux efforts de chacun pour améliorer sa condition privée, l'ordre social et politique n'en profite pas moins de ses efforts; car, si la liberté appelle la richesse, la richesse ne tarde pas à demander la liberté.

Je m'attends ici à l'observation souvent répétée, que les Français sont indifférens à la liberté, et n'attachent d'importance réelle qu'à l'égalité, tandis que les Anglais, au contraire, aiment la liberté avant tout, tiennent à l'aristocratie comme à une garantie nécessaire sous la monarchie constitutionnelle.

Cette observation a, comme tous les lieux communs, quelque chose de vrai, et beaucoup de vague et d'inexact.

Sans doute il n'y a pas de penchant plus honteux dans le cœur humain, que celui qui porterait à préférer une servitude égale pour tous, à une liberté achetée par quelques inégalités de rang, de fortune ou de naissance. Je dois bien l'avouer aussi; il existe encore en France une classe d'hommes qui a besoin d'apprendre qu'il n'y a guère plus de dignité d'âme à regarder les supériorités sociales avec une humeur jalouse, qu'à les rechercher avec une vaniteuse ambition. Mais n'allons pas plus loin, et ne perdons pas de vue que les institutions aristocratiques ne sont que le moyen, tandis que le but, c'est d'abord la liberté, c'est-à-dire la justice et la morale, puis le bien-être. Or, il y a tel point où des coutumes aristocratiques finiraient par rendre illusoires les plus belles garanties de la liberté.

En vain me dira-t-on, en vain me dirai-je à moi-même qu'il n'y a rien d'exclusif dans l'aristocratie constitutionnelle, que toutes les carrières sont ouvertes à chacun, qu'il n'est aucun avantage social qui ne soit accessible au talent et à la fortune; il n'en est pas moins vrai que les obstacles peuvent être si multipliés, et le but placé si haut, que pour un seul qui parvient à l'atteindre, il en est des milliers qui souffrent et périssent en route.

Je me suis enrichi par des travaux qui ont été profitables à mon pays comme à moi-même; je désire jouir honorablement de ma fortune dans la province où j'ai vu le jour, et acquérir la considération et les moyens d'être utile qui s'attachent à la propriété foncière. Comment le puis-je, si de tous côtés je suis comme emprisonné par les possessions immenses que des substitutions perpétuent dans une seule famille, dont le chef est peut-être le plus inutile des hommes?

J'ai conçu le plan d'un canal qui vivifiera le commerce de tout une ville, qui enrichira tout une province. Soit, mais il faut traverser le parc d'un grand seigneur que ce projet incommode, et tout est entravé. Je puis sans doute recourir à la puissance du parlement et à la puissance plus grande encore de la presse; mais qui retrouverai-je dans le parlement, les amis, les parens, les obligés de celui dont j'ai à combattre les intérêts, et des années, des générations peut-être s'écouleront avant que les coups redoublés de l'opinion aient pu rompre cette phalange; il se passera même long-temps avant que l'opinion se prononce, car le sentiment du droit acquis est si enraciné dans les têtes anglaises, que personne ne trouve mauvais que l'on use dans toute la rigueur des termes des priviléges les plus onéreux. Tel ecclésiastique charitable et vertueux à d'autres égards, ne se fera aucun scrupule d'exiger jusqu'au dernier sou la dîme du plus pauvre de ses paroissiens; tel homme du reste aimable et bienveillant ne trouvera rien d'étrange à dépouiller son ami de son rang et de sa fortune, si quelque vieux parchemin de cinq cents ans de date persuade à son procureur qu'il a un titre à faire valoir, et il n'y a aucun pays du monde dans lequel la maxime *summum jus, summa injuria* soit aussi peu reçue qu'en Angleterre.

Que dire de milliers d'hommes qui languissent dans les prisons, et y sont élevés à l'école du vice, pour le seul crime d'avoir enlevé quelques perdrix au seigneur d'un manoir? Supposons pour un instant qu'on s'avisât d'introduire chez nous les lois anglaises sur la chasse, de prohiber la vente et l'achat d'une pièce de gibier, d'interdire le plaisir de se promener dans son propre champ, un fusil à la main, à quiconque n'est pas un gentilhomme (*esquire*) ou propriétaire d'un revenu de cent louis en terre, et je vous demande s'il y aurait un gouvernement assez fort pour ne pas échouer dans une pareille entreprise, et si, malgré cette docilité muette que la monarchie administrative a si long-temps imprimée à nos mœurs, le pays n'éclaterait pas en murmures et en insurrections. Voilà pourtant quelles sont les lois que leur absurdité palpable n'empêche pas de se maintenir en Angleterre, et chaque année le Parlement écoute avec patience à l'appui d'un pareil système, je n'ose pas dire des argumens, mais des propos qui font sourire de pitié.

Je pourrais multiplier les exemples à l'infini.(1)

---

(1) La fin de cette lettre manque.

LETTRE II.

DE L'ORGANISATION JUDICIAIRE.

Il n'y a pas, sous la voûte du ciel, deux choses plus différentes, je pourrais dire plus opposées, que l'organisation judiciaire de l'Angleterre et celle de la France. Cette différence est telle, qu'au premier abord un Français et un Anglais qui s'entretiennent de cette question peuvent à peine se comprendre. Tous les mots de juge, de tribunal, d'administration de la justice, réveillent dans l'esprit de l'un et de l'autre des images diverses et des idées impossibles à concilier. Dites à un Français que treize juges suffisent à l'administration de toute la justice civile et de la plus grande partie de la justice criminelle dans un pays aussi populeux que l'Angleterre, dans un pays dont l'état social est compliqué, dont les relations commerciales embrassent les deux hémisphères, dont la législation est hérissée de difficultés ; dites-lui que non seulement ces treize juges tiennent en général les affaires au courant, mais que près de la moitié d'entre eux est souvent sans occupation, il ne vous croira pas ; il soupçonnera quelque réticence ou quelque paradoxe dans ce qui n'est pourtant que le simple énoncé de la vérité.

Dites à un Anglais que la France a de quatre à cinq mille magistrats, sans y comprendre les juges de paix et les membres des tribunaux de commerce, son premier mouvement sera de rire. Quatre mille juges! vous dira-t-il; mais où prenez-vous toute cette armée? En Angleterre, quand un de nos douze magistrats supérieurs meurt ou se retire, nous sommes souvent bien embarrassés pour le remplacer : d'où vous vient donc une telle richesse? Ensuite la curiosité le poussera peut-être à vous adresser quelques questions sur un système si étrange pour lui, mais à coup sûr il ne se donnera pas la peine de l'étudier; il croira y reconnaître, dès l'abord, de tels caractères de déraison, qu'il se dispensera de tout examen ultérieur, et se confirmera fièrement dans sa conviction de la supériorité des tribunaux de son pays. Aura-t-il tort? C'est ce que nous allons examiner. Mais, jusqu'ici, les présomptions sont en sa faveur, car, s'il paraît surprenant, au premier aspect, que treize juges puissent suffire à douze millions d'hommes, plusieurs hypothèses se présentent d'elles-mêmes pour expliquer ce fait extraordinaire. On peut supposer, ou que les procès sont moins nombreux, ou que la procédure est plus rapide qu'ailleurs. Mais comment imaginer qu'une nation quelconque puisse produire quatre mille individus doués de tous les talens et de toutes les vertus que suppose le titre auguste de magistrat? Demander quatre mille juges à un pays, disait un homme d'esprit, c'est aussi peu raisonnable que de lui demander quatre mille poètes tragiques ou quatre mille historiens.

Et, en supposant même que la France fût douée d'une si merveilleuse fécondité intellectuelle, quel avocat, quel jurisconsulte habile voudrait renoncer à sa clientelle pour le chétif salaire et la mince considération qui sont attachés au rang de magistrat de première instance? Si jamais la raison publique fait quelque progrès, que dirait-on d'un temps et d'un pays où l'on donne cent mille francs à un chambellan pour se tenir debout quatre fois par an derrière le fauteuil du Roi, et cinquante louis à un juge pour prononcer chaque jour sur la vie, l'honneur et la fortune des citoyens? Hâtonsnous toutefois de le dire à la gloire de la nation française, quelque minime que soit le salaire de la magistrature, la corruption pécuniaire y est presque inconnue. Plût au ciel qu'il en fût de même de cette autre corruption qui s'exerce par les influences politiques, par les relations sociales, par la crainte de déplaire ou le désir d'obliger, et avant tout par l'espoir de l'avancement ; corruption bien plus dangereuse parce qu'elle s'insinue à chaque instant dans le cœur, et qu'elle n'est pas revêtue de ces formes hideuses qui servent d'avertissement aux consciences les plus engourdies.

Il y a de la superstition en politique comme en religion : on répète de certains mots avec une foi aveugle, sans se rendre compte de leur valeur réelle ; de ce nombre est l'inamovibilité des magistrats. Nous avons vu que les Anglais y attachent une grande importance ; nous les avons imités, sans doute nous avons eu raison ; mais encore faut-il examiner si ce qui est pour eux une garantie sérieuse n'est pas chez nous un vrai simulacre d'institution.

Quand la dignité de juge est un rang suprême réservé à un petit nombre de jurisconsultes du premier ordre, entouré de tout l'éclat du savoir, de la puissance et de la fortune, je conçois que l'inamovibilité d'une telle fonction augmente à la fois l'indépendance de celui qui l'exerce et la confiance des justiciables qui ont les regards fixés sur lui. Mais que signifie l'inamovibilité d'une place quand celui qui l'occupe n'a d'autre pensée que d'en sortir pour en obtenir une meilleure, quand un juge peut devenir conseiller, président de chambre, premier président ? que dis-je ! quand il considère comme un avancement de quitter les bancs de la magistrature pour descendre dans le parquet des gens du

Roi, autant vaudrait parler de l'inamovibilité d'un sous-lieutenant.

En Angleterre, on met tant de prix à ce que les fonctions de juge soient un sacerdoce qui exclue toute ambition ultérieure, que même dans le petit nombre de douze, c'est rarement et contre le vœu unanime de tous les amis de la liberté, que l'un des juges *puinés,* comme on les appelle, est promu à la présidence lorsque cette place vient à vaquer. On dit au juge en entrant de renoncer à l'espérance, mais c'est à l'espérance inquiète et servile de l'ambitieux. La carrière paisible du sage reste ouverte devant lui, et les riches émolumens de sa place lui permettent de dépouiller son esprit de tous les soucis de la terre, pour se consacrer en entier à l'étude et à la méditation de la loi. Le salaire des juges anglais, déjà considérable selon nos idées, n'a pas été trouvé suffisant. Dans la dernière session il a été augmenté de plus d'un tiers, avec l'assentiment presque unanime de tous les partis. Il est maintenant de. . . . .

Tous les publicistes sont d'accord sur la nécessité de mettre la justice à la portée des justiciables; mais il y a deux manières d'arriver à ce but: l'une de multiplier le nombre des magistrats, et de placer dans chaque circonscription des juges subalternes dont les arrêts seront sujets à être réformés par une ou plusieurs cours supérieures; l'autre de faire voyager les magistrats suprêmes et d'amener immédiatement les parties en leur présence. Dans le premier de ces systèmes, il semble que l'État dise aux justiciables : nous vous offrons d'abord une justice de qualité inférieure; tâchez de vous en contenter, elle est assez bonne pour des provinciaux : si pourtant vous n'êtes pas satisfaits, et que vous demandiez mieux, allez à la cour d'appel, vous aurez des magistrats plus élevés en dignité, et qui, plus habiles sans doute, ne tomberont pas dans les mêmes erreurs que les juges de première instance. A cela, il semble que les pauvres plaideurs devraient répondre : Que ne nous donnez-vous tout de suite la meilleure justice que vous ayez à votre disposition, au lieu de nous faire payer bien cher de notre temps et de notre argent une justice de mauvais aloi?

En Angleterre ce sont les douze juges suprêmes qui deux fois par an parcourent toutes les provinces, et qui, selon l'expression technique de la commission *d'oyer et terminer* dont ils sont revêtus, entendent et décident toutes les causes, tant civiles que criminelles. J'aurai sans cesse à vous faire remarquer les avantages immenses de ce système, sur celui de la multiplicité des juges sédentaires ; mais avant d'entrer dans quelques détails sur l'administration de la justice, je voudrais vous présenter une première considération qui me frappe.

Pour qu'un pays puisse acquérir tout le développement social dont il est susceptible, pour que les citoyens soient libres d'employer leurs facultés de la manière la plus avantageuse pour eux-mêmes et pour la communauté, deux choses me paraissent nécessaires; l'une, que la loi soit la même pour tous et dans toutes les parties du pays; l'autre, que les intérêts locaux, dans ce qui ne blesse pas l'intérêt public, soient dirigés selon le vœu de ceux qui les connaissent et qui en ont leur part; en un mot, que la justice soit uniforme et l'administration variée. C'est justement l'inverse de ce qui se passe en France. Nous sommes possédés de la manie de *centraliser,* comme on dit en jargon administratif. Les bureaux du ministre de l'intérieur ont la ridicule prétention d'imposer une même forme aux intérêts les plus divers, de savoir chaque chose mieux que chacun, et de mener le pays comme à la lisière. Un commis qui n'a peut-être vu de sa vie que les cartons de son ministère, décide des questions les plus diverses d'une extrémité de la France à l'autre, et sur lesquelles ceux-là seuls qui résident sur les lieux peuvent avoir des notions justes et pratiques. . . . .

FIN.

TABLE DES MATIÈRES

CONTENUS DANS CE VOLUME.

AVERTISSEMENT.................................*Page* iij
LETTRE PREMIÈRE. Précautions à prendre dans l'étude et l'observation de l'Angleterre............. 5
LETTRE II. Rapprochement entre la marche de la civilisation en France et en Angleterre......... 20
LETTRE III. Sur la division des propriétés......... 40
LETTRE IV. De la division des propriétés dans ses rapports avec l'agriculture et la richesse nationale.................................. 54
LETTRE V. Suite de la division des propriétés; son influence sur la population et sur les mœurs..... 72
LETTRE VI. Influence politique de la division des propriétés................................. 92
LETTRE VII. Aristocratie et démocratie........... 110
LETTRE VIII. Moyens de publicité. — Journaux.... 132
LETTRE IX. Journaux. — Suite de la précédente.... 143
LETTRE X. Des réunions publiques............... 158
LETTRE XI. Des assemblées de comté............. 173
LETTRE XII. Des attributions du Parlement........ 187
LETTRE XIII. De la composition de la Chambre des Communes................................ 196
LETTRE XIV. Suite du même sujet................ 207
LETTRE XV. De la réforme parlementaire......... 225
LETTRE XVI. Réforme parlementaire. — Suite de la précédente................................ 240

Lettre xvii. Séances du Parlement. — Chambre des Communes..........................*Page* 256

Lettre xviii. Suite de la précédente. — Chambre des Pairs............................. 278

Lettre xix. Parallèle de la marche des débats législatifs, en France et en Angleterre........... 284

Lettre première........................... 315

Lettre ii. De l'organisation judiciaire........... 329

DE L'IMPRIMERIE DE CRAPELET,
rue de Vaugirard, n° 9.

www.ingramcontent.com/pod-product-compliance
Lightning Source LLC
Chambersburg PA
CBHW060512170426
43199CB00011B/1418